D1664439

Korte Verhalen in het Koreaanse

Korte verhalen in Koreaanse voor beginners en gevorderden

Johannes Bakker

greenthumbpublishing@gmail.com

Inhoud

Inleiding

Lezen in een vreemde taal is een van de meest effectieve manieren om uw taalvaardigheid te verbeteren en uw woordenschat uit te breiden. Toch kan het soms moeilijk zijn om boeiend leesmateriaal op een geschikt niveau te vinden dat een gevoel van prestatie en vooruitgang geeft. De meeste boeken en artikelen die voor moedertaalsprekers zijn geschreven, kunnen te lang zijn en moeilijk te begrijpen, of kunnen een woordenschat op zeer hoog niveau hebben, zodat u zich overweldigd voelt en het opgeeft. Als deze problemen bekend klinken, dan is dit boek iets voor jou!

Korte Verhalen in het Koreaanse is een verzameling van 25 onconventionele en onderhoudende korte verhalen die zijn ontworpen om beginnende tot gemiddeld niveau Koreaanse lerenden te helpen hun taalvaardigheden te verbeteren.

Deze korte verhalen creëren een ondersteunende leesomgeving door het opnemen van:

- Rijke taalkundige inhoud in verschillende genres om u te vermaken en u bloot te stellen aan een verscheidenheid van woordvormen.
- Kortere verhalen in hoofdstukken om u de voldoening te geven verhalen af te maken en snel vooruitgang te boeken.
- Teksten die op uw niveau geschreven zijn, zodat ze gemakkelijker te begrijpen zijn en niet overweldigend.
- Nederlandse vertaling op wisselende pagina's, zodat u er regel voor regel direct naar kunt verwijzen terwijl u het Koreaanse verhaal leest.
- De belangrijkste woordenschat staat vetgedrukt in

het hele verhaal en de vertaling, zodat u onbekende woorden gemakkelijker kunt begrijpen.

- Begrijpelijke vragen om uw begrip van belangrijke gebeurtenissen te testen en om u aan te moedigen meer in detail te lezen.

Dus of u nu uw woordenschat wilt uitbreiden, uw begrip wilt verbeteren of gewoon voor uw plezier wilt lezen, dit boek is de grootste stap voorwaarts die u dit jaar in uw studie zult maken. Korte Verhalen in het Koreaanse geeft u alle steun die u nodig hebt, dus leun achterover, ontspan, en laat uw fantasie de vrije loop terwijl u wordt meegevoerd naar een magische wereld van avontuur, mysterie en intrige - in het Koreaanse!

Hoe dit boek te gebruiken

Lezen is een moeilijk talent om onder de knie te krijgen. We gebruiken een reeks microvaardigheden om ons te helpen lezen in onze moedertaal. We kunnen bijvoorbeeld een passage doornemen om een globaal idee te krijgen van waar het over gaat. Of we kammen een groot aantal bladzijden van een treindienstregeling door op zoek naar een specifieke tijd of plaats. Terwijl deze microvaardigheden een tweede natuur zijn bij het lezen in onze moedertaal, blijkt uit onderzoek dat we de meeste ervan vaak vergeten bij het lezen in een vreemde taal. Wanneer we een vreemde taal leren, beginnen we gewoonlijk bij het begin van een tekst en werken we ons een weg door de tekst, waarbij we elk woord proberen te begrijpen. Onvermijdelijk komen we onbekende of ingewikkelde termen tegen en raken we geïrriteerd door ons onvermogen om ze te begrijpen.

Een van de grootste voordelen van het lezen in een vreemde taal is dat je wordt blootgesteld aan een groot aantal zinnen en uitdrukkingen die in alledaagse situaties worden gebruikt. Extensief lezen is een term die wordt gebruikt om het lezen voor plezier aan te duiden om een taal te leren. Het is niet zoals het lezen van een tekstboek, wanneer gesprekken of teksten zijn ontworpen om langzaam en zorgvuldig te worden gelezen met het doel om elk woord te begrijpen. "Intensief lezen" verwijst naar lezen dat wordt gedaan om specifieke leerdoelen te bereiken of taken te voltooien. Anders gezegd, intensief lezen in tekstboeken helpt meestal bij het leren van grammaticaregels en bepaalde woordenschat, maar extensief lezen van verhalen helpt bij het leren van natuurlijke taal.

Korte Verhalen in het Koreaanse biedt u de mogelijkheid om meer te leren over natuurlijk Koreaanse taalgebruik, ook al bent u uw taalleertocht misschien begonnen met uitsluitend tekstboeken. Hier zijn een paar tips om in gedachten te houden als u de verhalen in dit boek leest om er het meeste uit te halen: Als het op lezen aankomt, zijn plezier en een gevoel van vervulling van cruciaal belang. Je blijft terugkomen voor meer omdat je geniet van wat je aan het lezen bent. Elk verhaal van begin tot eind lezen is de beste methode om plezier te beleven aan het lezen van verhalen en je volbracht te voelen. Het belangrijkste is dan ook om het einde van een verhaal te halen. Dat is eigenlijk nog belangrijker dan elk woord te kennen.

Hoe meer je leest, hoe meer kennis je zult opdoen. U zult snel een kennis hebben van hoe Koreaanse werkt als u grotere boeken leest voor uw plezier. Bedenk echter wel dat u, om ten volle van de voordelen van extensief lezen te kunnen profiteren, eerst een voldoende omvangrijk boek moet lezen. Door hier en daar een paar bladzijden te lezen leert u misschien een paar nieuwe woorden, maar het zal geen significant verschil maken in uw algehele niveau van Koreaanse.

Accepteer dat je niet alles zult begrijpen van wat je in een roman leest. Dit is, zonder twijfel, het meest cruciale punt! Onthoud altijd dat het volkomen aanvaardbaar is dat u niet alle woorden of zinnen begrijpt. Het betekent niet dat je taalvaardigheden ontoereikend zijn of dat je slecht presteert. Het geeft aan dat u actief betrokken bent bij het leerproces.

Leesgids

Om het meeste uit het lezen van Korte Verhalen in het Koreaanse te halen, kunt u het beste dit eenvoudige leesproces in zes stappen volgen voor elk hoofdstuk van de verhalen:

1. Lees de titel van het hoofdstuk. Denk na over waar het verhaal over zou kunnen gaan. Lees dan het verhaal helemaal door. Uw doel is gewoon het einde van het verhaal te bereiken. Stop daarom niet om woorden op te zoeken en maak u geen zorgen als er dingen zijn die u niet begrijpt. Probeer gewoon de plot te volgen.

2. Wanneer u het einde van het verhaal hebt bereikt, scant u de Nederlandse vertaling om te zien of u hebt begrepen wat er is gebeurd en pikt u alle context op die u misschien hebt gemist.

3. Ga terug en lees hetzelfde verhaal opnieuw. Als u wilt, kunt u zich meer op de details van het verhaal concentreren, maar anders leest u het gewoon nog een keer door.

4. Werk vervolgens door de begripsvragen in Koreaanse om te controleren of u de belangrijkste gebeurtenissen in het verhaal begrijpt. Als u de vragen niet helemaal begrijpt, hoeft u zich geen zorgen te maken. Gebruik uw kennis om zo goed mogelijk te antwoorden.

5. Op dit punt moet u de belangrijkste gebeurtenissen van het hoofdstuk enigszins begrijpen. Als dat niet het geval is, kunt u het hoofdstuk een paar keer herlezen, waarbij u de vertaling gebruikt om onbekende woorden en zinnen te controleren, totdat u zich zeker voelt.

Zodra u klaar bent en zeker weet dat u begrijpt wat er is gebeurd - of dat nu na één lezing van het verhaal is of na meerdere - gaat u verder met het volgende verhaal en geniet u verder van het verhaal in uw eigen tempo, net zoals u van elk ander boek zou genieten.

Pas als u een verhaal in zijn geheel hebt uitgelezen, moet u overwegen terug te gaan en de verhaaltaal desgewenst verder uit te diepen. Of in plaats van u zorgen te maken of u alles begrijpt, de tijd te nemen om u te concentreren op alles wat u hebt begrepen en uzelf te feliciteren met alles wat u hebt gedaan.

Korte
Verhalen
in het Koreaanse

Johannes Bakker

케이팝

김 씨와 여동생 유나 씨는 수년 동안 케이팝에 푹 **빠져 있었습니다.** 이들은 여가 시간마다 최신 히트곡에 맞춰 춤을 추며 언젠가 자신도 케이팝 아이돌이 되기를 꿈꿨습니다. 그러던 어느 날, 두 자매는 자신들의 도시에서 케이팝 장기자랑이 열린다는 소식을 들었습니다. 두 사람은 스스로를 "시스터 스타"라고 부르며 듀오로 **함께 참가하기로** 결정했습니다. 오디션 날이 다가오자 김연아와 유나는 밤낮으로 연습에 매진했습니다. 완벽한 무대를 선보이고 싶었기 때문입니다. 마침내 오디션장에 도착했을 때 두 사람은 긴장하면서도 설레었습니다. 수십 명의 다른 지망생들이 줄을 서서 기다리고 있었고, 모두 K팝 스타가 되기 위해 경쟁하고 있었습니다. 차례를 기다리는 동안 김연아와 유나는 **부담감이** 커지는 것을 느낄 수 있었습니다. 하지만 심호흡을 하며 서로에게 즐거운 시간을 보내자고 다짐했습니다. 드디어 공연할 차례였습니다. 두 사람이 무대에 올라서자 조명이 두 사람을 비췄습니다. 음악이 시작되고 두 사람은 춤추고 **노래하기 시작했습니다.**

공연을 하는 동안 **심사위원들이** 비트에 맞춰 고개를 끄덕이는 모습을 볼 수 있었습니다. 공연이 끝나자 심사위원들은 박수를 치며 미소를 지었습니다. 심사위원 중 한 명이 "두 사람은 정말 특별합니다."라고 말했습니다. "더 보고 싶어요." 그 후 몇 주 동안 김연아와 김연아는 **대회** 최종 라운드를 준비하며 지칠 줄 모르고 노력했습니다. 안무를 연습하고, 보컬을 다듬고, 무대 위 존재감을 높이기 위해 노력했습니다. 드디어 결선 당일이 다가왔습니다. 김연아와 유나가 무대에 올랐고,

K-pop

Kim en haar jongere zus, Yuna, waren al jaren **geobsedeerd** door K-pop. Ze brachten al hun vrije tijd door met dansen op de nieuwste hits en droomden ervan om ooit zelf K-pop-idolen te worden. Op een dag hoorden ze over een K-pop talentenjacht die naar hun stad kwam. Ze besloten **samen** deel te nemen als een duo en noemden zichzelf "Sister Stars." Toen de dag van de auditie naderde, oefenden Kim en Yuna dag en nacht. Ze wilden er zeker van zijn dat ze perfect waren. Toen ze eindelijk bij de auditie aankwamen, waren ze nerveus maar opgewonden. Ze zagen tientallen andere kandidaten in de rij staan, die allemaal streden om een kans om K-pop ster te worden. Terwijl ze op hun beurt wachtten, voelden Kim en Yuna de **druk** toenemen. Maar ze haalden diep adem en herinnerden elkaar eraan dat ze plezier moesten maken. Eindelijk was het hun beurt om op te treden. Ze stapten het podium op, en de lichten schenen op hen. De muziek begon, en ze begonnen te dansen en te **zingen**.

Terwijl ze optraden, konden ze de **juryleden zien** knikken met hun hoofd op de maat. Toen ze klaar waren, klapten de juryleden en glimlachten. "Jullie twee zijn iets speciaals," zei een van de juryleden. "We willen meer zien." De volgende weken werkten Kim en Yuna onvermoeibaar door, om zich voor te bereiden

그들은 정말 대단했습니다. 춤 동작은 날카로웠고, 보컬은 강렬했으며, 공연장을 가득 채우는 에너지가 있었죠. 두 사람의 무대가 끝나자 관객들은 환호성을 질렀습니다. 소음에 가려 심사위원들의 피드백은 거의 들리지 않았습니다. 하지만 심사위원들이 연설할 때 그들의 말은 분명했습니다. "우리는 결정을 내렸습니다." 심사위원 중 한 명이 말했습니다. "케이팝 탤런트 쇼의 **우승자는...** 시스터 스타즈입니다!"

킴과 유나는 믿을 수 없었습니다. 두 사람은 서로를 꼭 껴안으며 눈물을 흘렸습니다. 이 **순간을** 위해 정말 열심히 노력했는데 드디어 그 순간이 찾아왔으니까요. 그날부터 시스터스타는 대한민국에서 가장 핫한 케이팝 듀오 중 하나가 되었습니다. 전 세계를 돌며 수천 명의 팬들을 위해 공연을 펼쳤습니다. 하지만 성공을 **누리는** 동안에도 그들은 자신들의 뿌리를 잊지 않았습니다. **바쁜** 스케줄 속에서도 항상 서로와 가족을 위해 시간을 내었습니다. 그리고 **환호하는** 팬들의 바다를 바라보며 자신들이 꿈을 이루고 있다는 것을 알았습니다. 그들은 자매 스타였고, 함께 K팝 세계 정상에 올랐던 것입니다.

op de laatste ronde van de **wedstrijd**. Ze oefenden hun choreografie, verfijnden hun zang en werkten aan hun podiumprésence. Uiteindelijk kwam de dag van de finale. Kim en Yuna betraden het podium, en ze waren ongelooflijk. Hun dansbewegingen waren **scherp**, hun zang was sterk en hun energie vulde de zaal. Toen ze klaar waren met hun optreden, barstte het publiek in gejuich uit. Ze konden de feedback van de jury nauwelijks horen. Maar toen de jury sprak, waren hun woorden duidelijk. "We hebben ons besluit genomen," zei een van hen. "De **winnaar** van de K-pop talentenjacht is... Sister Stars!"

Kim en Yuna konden het niet geloven. Ze omhelsden elkaar stevig, de tranen stroomden over hun gezichten. Ze hadden zo hard gewerkt voor dit **moment**, en nu was het eindelijk zover. Vanaf die dag was Sister Stars een van de populairste K-pop duo's van het land. Ze reisden de wereld rond en traden op voor duizenden fans. Maar ook al **genoten ze van** hun succes, ze vergaten nooit hun roots. Ze maakten altijd tijd voor elkaar en hun familie, zelfs als hun agenda's **druk** waren. En als ze uitkeken over de zee van **juichende** fans, wisten ze dat ze hun droom beleefden. Ze waren zustersterren, en ze hadden het samen tot de top van de K-pop wereld geschopt.

이해력 문제

1. 자매의 이름은 무엇인가요?

2. 그들의 꿈은 무엇이었나요?

3. 오디션에 도착했을 때 기분이 어땠나요?

4. 공연이 끝난 후 심사위원들은 이들에게 어떤 말을 했나요?

5. 대회 최종 라운드를 어떻게 준비했나요?

6. 최종 공연의 결과는 어땠나요?

7. 장기자랑에서 우승한 후 기분이 어땠나요?

8. 성공한 후 그들은 무엇을 했나요?

9. 성공에 대한 가족들의 반응은 어땠나요?

10. 자매들은 자신들의 성공에 대해 어떻게 생각하나요?

Begrip vragen

1. Hoe heten de zusters?

2. Wat was hun droom?

3. Hoe voelden ze zich toen ze bij de auditie aankwamen?

4. Wat zeiden de juryleden tegen hen na hun optreden?

5. Hoe hebben zij zich voorbereid op de laatste ronde van de wedstrijd?

6. Wat was het resultaat van de laatste voorstelling?

7. Hoe voelden ze zich na het winnen van de talentenjacht?

8. Wat deden ze nadat ze succesvol waren geworden?

9. Hoe reageerde hun familie op hun succes?

10. Wat vinden de zusters van hun succes?

김치

김치는 지현 씨 가족의 필수품이었습니다. 지현 씨는 태어나는 순간부터 **배추를** 발효시킨 김치의 톡 쏘는 매콤한 향에 둘러싸여 있었습니다. 항상 식탁에 올랐고, 매 끼니에 곁들여 간식으로도 먹었습니다. 시골에서 자란 지현 씨의 할머니는 어머니에게 그 비법을 전수해 주셨습니다. 지현 씨의 어머니는 다시 지현 씨에게 그 레시피를 전수했습니다. **대대로 집안** 대대로 내려온 레시피였기에 지현 씨는 항상 깊은 유대감을 느꼈습니다. 하지만 지현 씨의 김치에 대한 애정은 파리로 유학 가기로 결심하면서 시험대에 올랐습니다. 세계 패션의 중심지에서 패션을 공부하는 것이 꿈이었지만, 외국에서 자신이 사랑하는 김치를 찾는 것이 이렇게 **어려울 줄은 몰랐기 때문입니다.** 지현은 도착하자마자 김치를 파는 한국 식료품점을 찾기 시작했습니다. 이 가게 저 가게를 돌아다녔지만 안타깝게도 김치를 찾을 수 없었습니다. 그녀는 매콤하고 아삭한 배추의 **맛이** 그리워지기 시작했고 고향의 맛을 그리워했습니다.

어느 날 지현은 파리의 거리를 돌아다니다가 한국 전통 음식을 파는 작은 식당을 우연히 발견했습니다. 그녀는 운이 좋았다고 생각하며 바로 안으로 들어갔습니다. 놀랍게도 그 **식당은** 아시아를 여행하며 한식의 매력에 빠진 프랑스인 셰프가 운영하는 곳이었습니다. 그는 김치와 다른 한식 요리를 만드는 기술을 배우기 위해 헌신적으로 노력했습니다. 지현은 김치를 주문하고 초조하게 기다렸습니다. 음식이 도착하자 그녀는 무엇을 기대해야 할지 몰라 한 입 베어 물었습니다. 하지만 톡 쏘는 매운맛이 **혀에** 닿자마자 집에 온 것 같은 기분이

Kimchi

Kimchi was een hoofdbestanddeel in Jihyun's familie. Vanaf haar geboorte werd ze omringd door het pittige aroma van het gefermenteerde koolgerecht. Het stond altijd op tafel, bij elke maaltijd en zelfs als tussendoortje. Jihyuns grootmoeder, die op het platteland was opgegroeid, had het recept aan haar moeder doorgegeven. Jihyuns moeder had het op haar beurt aan haar doorgegeven. **Generaties lang** werd het recept doorgegeven in hun familie, en Jihyun had er altijd een diepe band mee gevoeld. Maar Jihyuns liefde voor kimchi werd op de proef gesteld toen ze besloot in het buitenland te gaan studeren in Parijs. Ze had er altijd van gedroomd om mode te studeren in de modehoofdstad van de wereld, maar ze had niet voorzien hoe **moeilijk** het zou zijn om haar geliefde kimchi in het buitenland te vinden. Zodra ze aankwam, ging Jihyun op zoek naar een Koreaanse kruidenier die kimchi verkocht. Ze ging van de ene winkel naar de andere, maar tot haar schrik kon ze er geen vinden. Ze begon de **smaak** van de pittige, knapperige kool te missen en verlangde naar de smaak van thuis.

Op een dag stuitte Jihyun tijdens een wandeling door de straten van Parijs op een klein restaurant met reclame voor traditioneel Koreaans eten. Ze kon haar geluk niet op en ging onmiddellijk naar binnen. Tot haar

들었습니다. 셰프가 주방에서 나와 자신을 소개했습니다. 두 사람은 김치와 한국 음식에 대해 몇 시간 동안 이야기를 나누었고, 지현 씨는 마음이 **통하는 사람을 만난 것 같았습니다.** 지현은 김치를 담그는 것을 도우며 집안의 비법을 새로운 **세대에게 전수하는 기분이었습니다.**

몇 주가 지나면서 지현은 레스토랑을 자주 찾았고 셰프와 좋은 친구가 되었습니다. 셰프는 지현을 **주방에** 초대해 함께 요리를 만들기도 했고, 프랑스와 한국의 맛을 결합한 퓨전 요리를 함께 만들기도 했습니다. 지현은 파리에서의 **추억과 함께** 김치에 대한 새로운 감상을 가지고 한국에 돌아왔습니다. 그녀는 김치에 대한 애정이 단순히 맛뿐만 아니라 김치에 담긴 추억과 전통에도 있다는 것을 깨달았습니다.

verbazing werd het **restaurant** gerund door een Franse kok die tijdens een reis door Azië verliefd was geworden op Koreaans eten. Hij had zich toegelegd op het leren maken van kimchi en andere Koreaanse gerechten. Jihyun bestelde de kimchi en wachtte gespannen af. Toen het gerecht arriveerde, nam ze een voorzichtige hap, onzeker over wat ze kon verwachten. Maar zodra de pittige, kruidige smaken haar **tong raakten, voelde** ze zich alsof ze thuis was gekomen. De chef kwam uit de keuken en stelde zich voor. Ze praatten urenlang over kimchi en Koreaans eten, en Jihyun had het gevoel dat ze een geestverwant had gevonden. Ze hielp hem zelfs een partij kimchi te maken, met het gevoel dat ze het recept van haar familie doorgaf aan een nieuwe **generatie**.

In de loop der weken bezocht Jihyun het restaurant vaak, en zij en de chef werden goede vrienden. Hij nodigde haar zelfs uit om samen met hem in de **keuken te** koken, en samen maakten ze fusiongerechten waarin Franse en Koreaanse smaken werden gecombineerd. Toen Jihyun naar huis terugkeerde, nam ze de **herinneringen** aan haar tijd in Parijs mee, maar ook een nieuwe waardering voor kimchi. Ze besefte dat haar liefde voor het gerecht niet alleen om de smaak ging, maar ook om de herinneringen en tradities die het vertegenwoordigde.

이해력 문제

1. 김치는 무엇인가요?

2. 김치의 주재료는 무엇인가요?

3. 김치는 어떻게 만들어지나요?

4. 김치의 맛은 어떤가요?

5. 지현이는 어디로 유학을 갔나요?

6. 지현은 왜 파리에서 김치를 찾았을까?

7. 파리에서 드디어 김치를 발견한 지현의 기분이 어땠을까요?

8. 지현은 파리에 있는 동안 김치에 대해 무엇을 배웠나요?

9. 파리에서 지현의 김치에 대한 생각은 어떻게 바뀌었나요?

10. 지현은 파리에서 무엇을 가지고 돌아왔나요?

Begrip vragen

1. Wat is kimchi?

2. Wat is het hoofdingrediënt van kimchi?

3. Hoe wordt kimchi gemaakt?

4. Hoe smaakt kimchi?

5. Waar ging Jihyun in het buitenland studeren?

6. Waarom was Jihyun op zoek naar kimchi in Parijs?

7. Hoe voelde Jihyun zich toen ze eindelijk kimchi vond in Parijs?

8. Wat heeft Jihyun geleerd over kimchi toen ze in Parijs was?

9. Hoe veranderde Jihyuns mening over kimchi na haar tijd in Parijs?

10. Wat heeft Jihyun meegenomen uit Parijs?

태권도

에밀리가 여섯 살이 되었을 때 부모님은 에밀리를 태권도 수업에 등록시켰습니다. 처음에는 무엇을 기대해야 할지 잘 몰랐습니다. 하지만 동작을 **배우기** 시작하면서 태권도의 매력에 푹 빠졌습니다. 수년 동안 에밀리는 열심히 훈련하고 **토너먼트에 출전했습니다.** 그녀는 많은 메달과 트로피를 획득했지만 궁극적인 목표는 블랙벨트가 되는 것이었습니다. 세월이 흐르고 에밀리는 성장했습니다. 대학에 진학하고 직장을 얻었으며 가정을 꾸렸습니다. 하지만 그녀는 태권도를 잊지 않았습니다. 일과 아이들로 바쁜 와중에도 시간을 내어 수련에 매진했습니다. 마침내 수년간의 노력 끝에 에밀리는 블랙벨트 심사에 도전할 준비가 되었습니다. 몇 달 동안 수련하며 동작과 **기술을** 완벽하게 익혔습니다. 시험 당일, 에밀리는 긴장감과 설렘이 뒤섞인 감정을 느꼈습니다. 그녀는 일찍 **도장에** 도착해 도복을 입고 갈 준비를 마쳤습니다.

에밀리는 시험이 시작되기를 기다리면서 그동안의 연습 시간을 떠올렸습니다. 그리고 태권도 수련 **내내** 자신을 응원해주신 부모님에 대해서도 생각했습니다. 마침내 시험이 시작되자 에밀리는 에너지가 솟구치는 것을 느꼈습니다. 에밀리는 정확하고 우아하게 동작 하나하나를 수행했고, 마음은 오로지 태권도에만 집중했습니다. 몇 시간이 지나고 마침내 테스트가 끝났습니다. 에밀리는 **심사위원들** 앞에 서서 심사위원들의 평결을 기다렸습니다. 심사위원 중 한 명이 앞으로 나왔습니다. "에밀리, 당신은 태권도 여정 내내 놀라운 기량과 **헌신을** 보여줬습니다." 그가 말했습니다. 블랙벨트를 수여하게 되어

Taekwondo

Toen Emily zes jaar oud was, schreven haar ouders
haar in voor taekwondo lessen. Eerst wist ze niet zeker
wat ze kon verwachten. Maar toen ze de bewegingen
begon te **leren**, werd ze verliefd op de sport. In de
loop der jaren trainde Emily hard en deed mee aan
toernoolen. Ze won vele medailles en trofeeën, maar
haar uiteindelijke doel was om een zwarte band te
krijgen. Jaren gingen voorbij, en Emily groeide op.
Ze ging studeren, kreeg een baan en begon een
gezin. Maar ze vergat nooit taekwondo. Zelfs als ze
het druk had met werk en kinderen, maakte ze tijd
om te oefenen. Eindelijk, na jaren van hard werken,
was Emily klaar om haar zwarte band te testen. Ze
had maandenlang getraind om haar bewegingen en
technieken te perfectioneren. Op de dag van de
test voelde Emily een mengeling van nervositeit en
opwinding. Ze kwam vroeg aan bij de **dojo**, gekleed in
haar uniform, en klaar om te gaan.

Terwijl ze wachtte tot de test begon, dacht Emily
aan alle uren oefening die ze erin gestoken had. Ze
dacht aan haar ouders, die haar **tijdens haar hele**
taekwondo-reis hadden gesteund. Toen de test eindelijk
begon, voelde Emily een golf van energie. Ze voerde
elke beweging met precisie en gratie uit, met haar

영광입니다. 에밀리는 **띠를** 받으면서 눈물을 흘렸습니다. 이전에는 느껴보지 못한 자부심과 성취감을 느꼈기 때문입니다.

그날부터 에밀리는 태권도 수련을 계속했습니다. 그녀는 수년간 배운 동작과 기술을 **아이들에게** 가르쳤습니다. 그리고 토너먼트 대회에 출전하며 여전히 **실력을** 향상시키기 위해 노력했습니다. 하지만 무엇보다도 에밀리는 태권도를 통해 배운 교훈에 감사했습니다. 에밀리는 태권도를 통해 노력과 헌신, 인내를 배웠습니다. 그리고 그 교훈은 인생이 그녀에게 던져준 모든 **도전을 헤쳐나갈 수 있게 해주었습니다.** 에밀리는 태권도의 **여정을** 되돌아보며 그것이 자신의 인생에서 가장 위대한 경험 중 하나였음을 깨달았습니다. 그리고 앞으로 어떤 길을 가더라도 태권도의 정신을 항상 가슴에 품고 살겠다고 다짐했습니다.

gedachten uitsluitend gericht op de taak die voor haar lag. Eindelijk, na wat wel uren leek, was de test voorbij. Emily stond voor de **jury** en wachtte op hun oordeel. Een van de juryleden stapte naar voren. "Emily," zei hij, "je hebt opmerkelijke vaardigheid en **toewijding getoond** tijdens je taekwondo reis." Het is mij een eer je de zwarte band toe te kennen. Tranen stroomden over Emily's gezicht toen ze de **band** accepteerde. Ze voelde een gevoel van trots en voldoening dat ze nooit eerder had gevoeld.

Vanaf die dag bleef Emily taekwondo beoefenen. Ze leerde haar **kinderen** de bewegingen en technieken die ze in de loop der jaren had geleerd. En ze deed mee aan toernooien, nog steeds strevend naar verbetering van haar **vaardigheden**. Maar bovenal was Emily dankbaar voor de lessen die taekwondo haar had geleerd. Ze had geleerd over hard werken, toewijding en doorzettingsvermogen. En die lessen hebben haar door elke **uitdaging** van het leven heen geholpen. Toen ze terugkeek op haar **taekwondo-reis**, wist Emily dat het een van de beste ervaringen van haar leven was geweest. En ze wist dat ze de geest van taekwondo altijd bij zich zou dragen, waarheen haar pad ook zou leiden.

이해력 문제

1. 에밀리의 부모님은 에밀리가 여섯 살이었을 때 무엇을 했나요?

2. 에밀리가 태권도 수련을 시작했을 때의 목표는 무엇이었나요?

3. 에밀리는 블랙 벨트 시험 당일 기분이 어땠나요?

4. 시험을 마친 후 판사는 에밀리에게 뭐라고 말했나요?

5. 에밀리는 태권도를 통해 무엇을 배웠나요?

6. 에밀리는 블랙벨트를 받은 후 무엇을 했나요?

7. 에밀리는 자녀에게 무엇을 가르쳤나요?

8. 에밀리가 태권도 여행에 감사한 이유는 무엇인가요?

9. 태권도를 통해 에밀리는 자신에 대해 무엇을 배웠나요?

10. 에밀리에게 태권도는 어떤 의미였나요?

Begrip vragen

1. Wat deden Emily's ouders toen ze zes jaar oud was?

2. Wat was Emily's doel toen ze begon met taekwondo?

3. Hoe voelde Emily zich op de dag van haar zwarte band test?

4. Wat zei de rechter tegen Emily nadat ze de test had gedaan?

5. Wat heeft Emily geleerd van taekwondo?

6. Wat deed Emily nadat ze haar zwarte band had gekregen?

7. Wat leerde Emily haar kinderen?

8. Waarom was Emily dankbaar voor haar taekwondo reis?

9. Wat heeft taekwondo Emily over zichzelf geleerd?

10. Wat betekende taekwondo voor Emily?

한복

혜진 씨는 **할머니와** 함께 시간을 보내는 것을 좋아했습니다. 할머니는 가족 중 유일하게 대대로 내려오는 아름다운 한국의 전통 의상인 한복을 입고 계셨습니다. 혜진 씨는 한복의 의미와 가족 **문화에서** 한복이 차지하는 역할에 대한 할머니의 이야기를 듣는 것을 좋아했습니다. 어느 날 혜진의 할머니는 혜진에게 다가오는 한가위를 준비하는 것을 도와달라고 부탁했습니다. 할머니는 **행사에 어울리는** 한복을 고르는 데 혜진의 도움이 필요했습니다. 혜진 씨는 그 과정에 참여하게 되어 기쁘다며 흔쾌히 도움을 주겠다고 했습니다. 두 사람은 함께 수년간 소중히 보관해 온 한복 컬렉션을 살펴봤습니다. 한 벌 한 벌마다 독특한 사연이 담겨 있었고, 혜진 씨는 할머니가 한 벌 한 벌에 담긴 디자인과 의미에 대해 이야기하는 것을 **열심히 들었습니다.**

혜진 할머니는 여러 벌의 한복을 입어본 끝에 마침내 제사에 입고 싶은 한복을 찾았습니다. 풍성한 **수확을** 상징하는 나뭇잎과 꽃이 수놓아진 아름다운 초록색 한복이었습니다. 혜진 씨는 할머니가 기뻐하시는 모습을 보고 정말 기뻤습니다. 축제 당일, 혜진이는 다양한 연령대의 사람들이 형형색색의 한복을 입고 거리를 행진하는 모습을 **신기하게** 바라보았습니다. 그리고 초록색 **한복을** 입고 나란히 걷는 할머니의 얼굴에서 자부심과 기쁨을 보았습니다. 축제는 자연이 제공한 수확과 풍요로움을 축하하는 행사였습니다. 사람들은 노래와 춤을 추고 한국 전통 음식을 즐겼습니다. 혜진이는 모든 순간이 좋았지만, 특히 할머니가 그 자리에 함께해서 **행복해하는 모습을 볼** 수 있었습니다.

Hanbok

Hyejin bracht graag tijd door met haar **grootmoeder**. Zij was de enige in haar familie die nog de traditionele hanbok droeg, een prachtige Koreaanse jurk die van generatie op generatie was doorgegeven. Hyejin luisterde graag naar de verhalen van haar grootmoeder over de betekenis van de hanbok en de rol die deze speelde in de **cultuur** van hun familie. Op een dag vroeg Hyejins grootmoeder haar om haar te helpen met de voorbereidingen voor het komende Koreaanse oogstfeest. Ze had Hyejins hulp nodig bij het uitzoeken van de perfecte hanbok voor de **gelegenheid**. Hyejin was enthousiast om deel uit te maken van het proces en bood gretig haar hulp aan. Samen doorzochten ze de collectie hanboks die jarenlang zorgvuldig waren bewaard. Elk exemplaar had een uniek verhaal, en Hyejin luisterde **aandachtig** terwijl haar grootmoeder haar vertelde over de ontwerpen en de betekenis achter elk stuk.

Na het passen van verschillende hanboks vond Hyejins grootmoeder uiteindelijk de hanbok die ze wilde dragen voor het festival. Het was een prachtige groene hanbok met geborduurde bladeren en bloemen die de overvloedige **oogst** symboliseerden. Hyejin was blij haar grootmoeder zo gelukkig te zien. Op de dag van

축제가 끝나갈 무렵, 혜진이의 할머니는 혜진이를 옆으로 데려가 아름다운 한복을 **선물했습니다.** 흰 구름이 수놓아진 짙은 파란색 원피스로, 혜진이의 어머니가 혜진이의 나이 때 입었던 한복이었습니다. 혜진이는 엄마가 입었던 한복을 입는다는 생각에 너무 기뻤습니다. 할머니께 감사드리며 한복을 잘 보관해 후손에게 물려주겠다고 약속했습니다. 그날부터 혜진 씨는 할머니와 어머니가 그랬던 것처럼 **특별한** 날에만 한복을 입었습니다. 혜진 씨는 한복이 단순한 옷이 아니라 가족의 문화와 전통을 상징하는 옷이라는 것을 알고 있었습니다. 그리고 그녀는 그 **유산의** 일부가 된 것에 자부심을 느꼈습니다.

het festival keek Hyejin **verbaasd toe** hoe mensen van alle leeftijden in hun kleurrijke hanboks door de straten paradeerden. Ze zag de trots en vreugde op het gezicht van haar grootmoeder terwijl ze naast haar liep in haar groene **hanbok**. Het festival was een viering van de oogst en de overvloed die de natuur had geschonken. Mensen zongen en dansten en genoten van traditioneel Koreaans eten. Hyejin genoot van elk moment, maar ze kon zien dat haar grootmoeder vooral **blij was** dat ze er was.

Toen het festival ten einde liep, nam Hyejins grootmoeder haar apart en **overhandigde** haar een prachtige hanbok. Het was een diepblauwe jurk met witte wolken erop geborduurd, en het was de jurk die Hyejins moeder had gedragen toen zij haar leeftijd had. Hyejin was dolblij met de gedachte dat ze dezelfde hanbok zou dragen als haar moeder. Ze bedankte haar grootmoeder en beloofde het veilig te bewaren en door te geven aan **toekomstige** generaties. Vanaf die dag droeg Hyejin de hanbok voor **speciale** gelegenheden, net zoals haar grootmoeder en moeder voor haar hadden gedaan. Ze wist dat de hanbok meer was dan alleen een jurk - het was een symbool van de cultuur en tradities van hun familie. En ze was er trots op deel uit te maken van die **erfenis**.

이해력 문제

1. 한복이란 무엇인가요?

2. 한복의 의미는 무엇인가요?

3. 한복은 어떻게 대를 이어 전승되나요?

4. 혜진 할머니는 왜 할머니의 도움이 필요한가요?

5. 혜진 할머니가 제사를 위해 선택한 한복의 디자인에 담긴 의미는 무엇인가요?

6. 추수 축제는 무엇을 기념하는 축제인가요?

7. 혜진이는 엄마가 입었던 한복을 입어본 기분이 어때요?

8. 혜진 씨 가족에게 한복은 무엇을 상징하나요?

9. 혜진 씨가 자랑스럽게 생각하는 유산은 무엇인가요?

10. 혜진이는 한복을 입으면 무엇을 할까요?

Begrip vragen

1. Wat is de hanbok?

2. Wat is de betekenis van de hanbok?

3. Hoe wordt de hanbok van generatie op generatie doorgegeven?

4. Waarom heeft Hyejin's grootmoeder haar hulp nodig?

5. Wat is de betekenis achter het ontwerp van de hanbok die Hyejin's grootmoeder kiest voor het festival?

6. Waarvan is het oogstfeest een feest?

7. Hoe vindt Hyejin het om de hanbok te dragen die haar moeder droeg?

8. Wat symboliseert de hanbok voor Hyejin's familie?

9. Wat is de erfenis waar Hyejin trots op is om deel van uit te maken?

10. Wat doet Hyejin met de hanbok als ze hem eenmaal gedragen heeft?

경복궁

김민재는 항상 조국의 **역사에** 매료되어 있었습니다. 그는 조선 왕조와 한때 대한제국의 심장 역할을 했던 경복궁에 대한 이야기를 들으며 자랐습니다. 그래서 궁궐을 방문할 기회가 생겼을 때 그는 그 기회를 놓치지 않았습니다. 그는 궁궐 문을 들어서자마자 한국 **전통 건축의** 아름다움에 감탄했습니다. 궁궐은 웅장하고 장엄했으며, 정교한 디자인과 디테일에 감탄을 금치 못했습니다. 김민재는 궁궐 경내를 돌아다니며 아름다운 정원과 뜰에 감탄했습니다. 그는 전성기 시절 궁궐에서 생활하는 것이 어땠을지 상상하며 당시의 놀라운 **공학과** 건축 기술에 감탄했습니다.

탐험을 하던 중 그는 궁전의 역사를 공부하는 한 무리의 **학생들과** 마주쳤습니다. 학생들은 김민재를 초대해 다양한 건물과 구조물에 얽힌 이야기를 함께 배워보자고 제안했습니다. 김민재는 흔쾌히 초대를 수락하고 학생들이 들려주는 조선 왕조와 경복궁이 한국의 역사를 형성하는 데 중요한 역할을 했다는 이야기를 경청했습니다. 하루가 끝나갈 무렵, 김민재는 궁궐에서 가장 중요한 **건물인 어전** 앞에 **서게 되었습니다.** 그는 웅장한 전각을 바라보며 과거 왕좌에서 통치했던 왕과 왕비의 모습을 상상하며 경외감을 느꼈습니다. 그런데 갑자기 멀리서 한국 전통 **피리** 소리가 들려왔습니다. 그 음악은 잊을 수 없을 정도로 아름다웠고 김민재는 그 소리에 이끌려가는 자신을 느꼈습니다.

Gyeongbokgung Paleis

Kim Min-Jae was altijd al gefascineerd door de **geschiedenis** van zijn land. Hij was opgegroeid met verhalen over de Joseon-dynastie en het grote Gyeongbokgung-paleis, dat ooit het hart van het Koreaanse koninkrijk vormde. Dus toen hij de kans kreeg om het paleis te bezoeken, greep hij die kans met beide handen aan. Toen hij door de poorten van het paleis liep, werd hij getroffen door de schoonheid van de **traditionele** Koreaanse **architectuur**. Het paleis was groots en prachtig, met ingewikkelde ontwerpen en details die hem versteld deden staan. Kim Min-Jae dwaalde door het terrein van het paleis en bewonderde de prachtige tuinen en binnenplaatsen. Hij stelde zich voor hoe het moet zijn geweest om in het paleis te wonen tijdens zijn hoogtijdagen en verwonderde zich over de indrukwekkende **techniek** en bouwvaardigheden van die tijd.

Terwijl hij op verkenning ging, kwam hij een groep **studenten tegen** die de geschiedenis van het paleis bestudeerden. Ze nodigden hem uit om samen met hen de verhalen achter de verschillende

그는 소리를 따라 작은 마당에 도착했고, 그곳에서 한 노인이 플루트를 연주하고 있었다. 노인은 김민재를 향해 미소를 지으며 가까이 오라고 **손짓했다.** "제 음악을 들으러 오셨습니까?" 남자가 물었다. 김민재가 고개를 끄덕이자 노인은 아름다운 선율을 연주하기 시작해 **마당을** 가득 채웠습니다. 김민재는 궁궐이 활기차고 생동감 넘쳤던 그 시절로 돌아간 듯한 느낌을 받았습니다. 음악이 사라지자 남자는 김민재를 바라보며 "이 궁궐과 그 이야기를 기억하세요"라고 말했습니다. 이것은 우리의 유산이자 우리의 유산입니다. "우리는 그것을 살리고 후손에게 물려주어야 합니다."

gebouwen en structuren te leren kennen. Kim Min-Jae nam de uitnodiging gretig aan en luisterde hoe de studenten hem vertelden over de Joseon-dynastie en de belangrijke rol die het Gyeongbokgung Paleis had gespeeld in de vorming van de Koreaanse geschiedenis. Toen de dag ten einde liep, **stond** Kim Min-Jae voor de troonzaal, het belangrijkste **gebouw** in het paleis. Hij voelde een gevoel van ontzag toen hij naar de grote zaal keek en zich de koningen en koninginnen voorstelde die ooit vanaf de troon hadden geregeerd. Plotseling hoorde hij in de verte het geluid van een traditionele Koreaanse **fluit**. De muziek was spookachtig mooi en Kim Min-Jae voelde zich aangetrokken tot het geluid.

Hij volgde het geluid tot hij bij een kleine binnenplaats kwam, waar een oudere man fluit speelde. De man glimlachte naar Kim Min-Jae en **wenkte** hem dichterbij te komen. "Ben je gekomen om naar mijn muziek te luisteren?" vroeg de man. Kim Min-Jae knikte en de man begon een prachtige melodie te spelen die de **binnenplaats** vulde. Kim Min-Jae voelde zich teruggevoerd in de tijd, naar een tijd waarin het paleis bruiste van leven en activiteit. Toen de muziek vervaagde, keek de man naar Kim Min-Jae en zei: "Onthoud dit paleis en zijn verhalen." Het is ons erfgoed en onze erfenis. "We moeten het levend houden en doorgeven aan toekomstige generaties."

이해력 문제

1. 경복궁을 본 김민재의 첫 반응은 어땠나요?

2. 김민재 작가는 궁궐 경내를 걸으며 어떤 느낌을 받았다고 했나요?

3. 김민재가 궁궐을 방문할 수 있었던 것은 어떤 기회 때문이었나요?

4. 김민재는 궁궐을 탐험하면서 어떤 사람들을 만났나요?

5. 학생들은 김민재에게 궁궐에 대해 어떤 이야기를 했나요?

6. 한국 전통 피리 연주를 들은 김민재의 반응은 어땠나요?

7. 플루트 음악은 김민재를 어디로 이끌었나요?

8. 노인은 김민재에게 마당을 떠나기 전에 무슨 말을 했나요?

9. 김민재는 궁궐 문을 나설 때 어떤 기분이었을까요?

10. 김민재 작가는 앞으로 어떤 일을 할 계획이라고 하나요?

Begrip vragen

1. Wat was Kim Min-Jae's eerste reactie bij het zien van het Gyeongbokgung Paleis?

2. Wat zegt de auteur dat Kim Min-Jae voelde toen hij door het paleisterrein licp?

3. Welke kans kreeg Kim Min-Jae om het paleis te bezoeken?

4. Welke groep mensen heeft Kim Min-Jae ontmoet tijdens het verkennen van het paleis?

5. Wat hebben de studenten Kim Min-Jae verteld over het paleis?

6. Wat was Kim Min-Jae's reactie bij het horen van het traditionele Koreaanse fluitspel?

7. Waarheen leidde de fluitmuziek Kim Min-Jae?

8. Wat zei de oudere man tegen Kim Min-Jae voordat hij de binnenplaats verliet?

9. Hoe voelde Kim Min-Jae zich toen hij de paleispoort verliet?

10. Wat wil Kim Min-Jae volgens de auteur in de toekomst gaan doen?

비빔밥

지현 씨는 비빔밥을 좋아하던 어린 소녀였습니다. 비빔밥은 그녀가 **가장 좋아하는 음식이었고** 매일 질리지 않고 먹을 수 있었습니다. 그녀의 어머니는 훌륭한 요리사였고 항상 **마을에서** 가장 맛있는 비빔밥을 만들어 주셨습니다. 어느 날, 지현의 어머니는 마을 외곽의 작은 마을에 살고 계신 할머니를 찾아뵙기로 했다며 지현을 깜짝 놀라게 했습니다. 지현이는 할머니를 뵙는다는 생각에 설레기도 했지만, 할머니가 비빔밥을 잘 만든다는 사실을 알고는 더더욱 **기뻤습니다.** 마을에 도착하자 지현이는 할머니 댁에서 맛있는 음식 냄새가 풍겨오는 것을 느낄 수 있었습니다. 할머니는 두 사람을 따뜻하게 맞이하며 집으로 초대했습니다. 할머니는 지현이를 부엌으로 안내했고, 지현이는 커다란 돌솥에 **밥이** 끓고 있는 것을 보고 깜짝 놀랐습니다. 할머니는 볶은 채소, 양념한 소고기, 다양한 토핑 등 비빔밥 재료를 준비하기 시작했습니다.

지현이는 능숙하고 정확하게 **재료를** 섞는 할머니의 손놀림을 지켜보았습니다. 지현이는 비빔밥이 완성되기를 기다리며 흥분을 감추지 못했습니다. 드디어 할머니가 완성된 **비빔밥을 꺼내자** 지현 양은 그 모습에 군침이 돌았습니다. 비빔밥은 알록달록하고 다양한 **식감과** 풍미로 가득했습니다. 지현은 빨리 먹고 싶다는 생각이 들었습니다. 식사를 하면서 지현의 할머니는 자신의 어린 시절과 마을의 **역사에 대한** 이야기를 들려주었습니다. 지현이는 맛있는 음식과 사랑하는 할머니의 곁에서 즐거운 시간을 보내며 열심히 이야기를 들었습니다.

Bibimbap

Ji-Hyun was een jong meisje dat dol was op bibimbap.
Het was haar lievelingsgerecht, en ze kon het elke dag
eten zonder er genoeg van te krijgen. Haar moeder was
een uitstekende kok en maakte altijd de beste bibimbap
van **de stad**. Op een dag verraste Ji-Hyuns moeder
haar met de mededeling dat ze haar grootmoeder
gingen bezoeken, die in een klein dorp aan de rand
van de stad woonde. Ji-Hyun was opgewonden om
haar grootmoeder te zien, maar ze was nog meer
opgewonden toen ze hoorde dat haar grootmoeder ook
een **fantastische** kok was en gespecialiseerd in het
maken van Bibimbap. Toen ze bij het dorp aankwamen,
kon Ji-Hyun de geur van heerlijk eten uit het huis van
haar grootmoeder ruiken. Haar grootmoeder begroette
hen hartelijk en nodigde hen binnen uit. Ji-Hyun's
grootmoeder nam haar mee naar de keuken, waar ze
tot haar verbazing een grote stenen pot gevuld met
kokende **rijst zag staan**. Haar grootmoeder begon
vervolgens de ingrediënten voor Bibimbap te bereiden,
waaronder gesauteerde groenten, gemarineerd
rundvlees en diverse andere toppings.

Ji-Hyun keek naar de deskundige handen van haar
grootmoeder die de **ingrediënten** met vaardigheid en

식사를 마치자 지현의 할머니는 지현에게 작은 **꾸러미를** 선물했습니다. 그 안에는 집안 대대로 내려오는 비빔밥 레시피가 들어 있었습니다. 지현은 할머니를 꼭 껴안으며 선물에 대한 고마움을 전했고, 지현의 눈은 기쁨으로 반짝였습니다. 할머니는 이 **레시피를** 소중히 간직하고 언젠가 자신의 자녀들에게도 전수해 줄 것이라고 말했습니다. 작별 인사를 나누며 지현 씨의 할머니는 마지막으로 한 가지 조언을 해주셨습니다. "지현아, 비빔밥은 단순한 요리가 아니라는 걸 기억해라. 비빔밥은 우리 문화와 유산을 상징하는 음식이란다. "우리의 **전통을** 지키고 후손에게 물려주는 것이 중요하단다." 지현은 늘 좋아하던 비빔밥에 대한 새로운 감사를 느끼며 고개를 끄덕였습니다.

precisie mengden. Ze kon haar opwinding nauwelijks bedwingen terwijl ze wachtte tot de bibimbap klaar was. Eindelijk bracht haar grootmoeder het **gerecht** klaar, en Ji-Hyuns mond liep open bij het zien ervan. De bibimbap was kleurrijk en vol verschillende **texturen** en smaken. Ze kon nauwelijks wachten om het op te eten. Terwijl ze aten, vertelde Ji-Hyuns grootmoeder haar verhalen over haar eigen jeugd en de **geschiedenis** van het dorp. Ji-Hyun luisterde aandachtig en genoot van de heerlijke maaltijd en het gezelschap van haar geliefde grootmoeder.

Toen ze klaar waren met eten, gaf Ji-Hyuns grootmoeder haar een **pakketje**. Daarin vond Ji-Hyun een recept voor bibimbap dat al generaties lang door hun familie werd doorgegeven. Ji-Hyuns ogen schitterden van vreugde toen ze haar grootmoeder stevig omhelsde en haar bedankte voor het cadeau. Ze wist dat ze het **recept** zou koesteren en het op een dag aan haar eigen kinderen zou doorgeven. Toen ze afscheid namen, gaf Ji-Hyuns grootmoeder haar nog een laatste advies. "Onthoud, Ji-Hyun, bibimbap is niet zomaar een gerecht. Het is een symbool van onze cultuur en erfgoed. "Het is belangrijk om onze tradities **levend te** houden en door te geven aan toekomstige generaties." Ji-Hyun knikte, en voelde een nieuwe waardering voor het gerecht waar ze altijd van had gehouden.

이해력 문제

1. 지현이가 가장 좋아하는 요리는 무엇인가요?

2. 이 동네 최고의 비빔밥은 누가 만들까요?

3. 지현이는 왜 할머니를 만날 생각에 들떠 있을까요?

4. 지현이 할머니는 마을에 도착하자마자 지현이를 데리고 무엇을 구경시켜 주나요?

5. 지현이는 할머니의 비빔밥을 어떻게 생각하나요?

6. 지현의 할머니는 방문이 끝날 때 지현에게 무엇을 주었나요?

7. 지현의 할머니는 작별 인사를 하면서 지현에게 어떤 조언을 해 주셨나요?

8. 비빔밥은 무엇을 상징하나요?

9. 문화와 전통을 보존하는 것이 중요한 이유는 무엇인가요?

10. 지현이는 할머니에게서 어떤 교훈을 얻었나요?

Begrip vragen

1. Wat is Ji-Hyun's favoriete gerecht?

2. Wie maakt de beste bibimbap in de stad?

3. Waarom is Ji-Hyun opgewonden om haar grootmoeder te bezoeken?

4. Wat neemt Ji-Hyun's grootmoeder haar mee om te zien als ze in het dorp aankomen?

5. Wat vindt Ji-Hyun van haar oma's bibimbap?

6. Wat geeft Ji-Hyun's grootmoeder haar aan het eind van hun bezoek?

7. Welk advies geeft Ji-Hyun's grootmoeder haar als ze afscheid nemen?

8. Waar staat bibimbap symbool voor?

9. Waarom is het belangrijk om cultuur en tradities in stand te houden?

10. Welke les leert Ji-Hyun van haar grootmoeder?

한류

옛날 옛적에 한국의 작은 마을에 민지라는 어린 소녀가
살았습니다. 민지는 전 세계를 강타한 한국의 **대중문화인** 한류의
모든 것을 좋아했습니다. 그녀는 몇 시간이고 K-드라마를
보고, K-팝을 듣고, 한국어 실력을 연습하곤 했습니다. 하지만
민지는 한류에 대한 애정에도 불구하고 한류의 **진원지인** 서울을
실제로 가본 적이 없었습니다. 그러던 어느 날, 그녀는 돈을
모아 대도시로 여행을 떠나기로 결심했습니다. 민지는 서울에
도착하자마자 도시의 에너지와 흥겨움에 **놀랐습니다.** 좋아하는
케이팝 밴드의 포스터부터 한국 과자를 파는 **노점상까지** 어디를
가나 한류의 흔적을 발견할 수 있었습니다.

서울에 온 첫날 밤, 민지 씨는 케이팝 콘서트를 보러 갔습니다.
민지는 아이돌의 공연을 보면서 이전에는 경험하지 못했던
소속감과 흥분을 느꼈습니다. 민지는 **관객들과** 함께 춤추고
노래하며 자신보다 더 **큰** 무언가의 일부가 된 듯한 기분을
느꼈습니다. 콘서트가 끝난 후 민지는 도시를 탐험하기로
결정했습니다. 그녀는 네온사인이 켜진 강남의 거리를 걸으며
미래지향적인 건축물과 북적이는 인파에 감탄했습니다.
모퉁이를 돌았을 때 작은 골목길에서 **음악** 소리가 들려왔습니다.
호기심이 발동한 그녀는 그 소리를 따라가다 작은 **바** 앞에
도착했습니다. 밖에 있는 간판에는 "한류 하우스"라고 적혀
있었습니다. 호기심이 발동한 민지는 안으로 들어갔습니다. 술집
안에는 다양한 연령대의 사람들이 술을 마시며 웃고 떠들고
있었습니다. 벽에는 케이팝 스타와 한국 드라마 포스터가 붙어
있었습니다. 민지는 집처럼 편안했습니다.

Hallyu

Er was eens een jong meisje dat Minji heette en in een klein dorpje in Zuid-Korea woonde. Minji hield van alles over Hallyu, de Koreaanse golf van **popcultuur** die de wereld had veroverd. Ze keek uren naar K-drama's, luisterde naar K-pop en oefende haar Koreaanse taalvaardigheden. Ondanks haar liefde voor Hallyu was Minji nooit in Seoel geweest, het **epicentrum** van de Koreaanse golf. Op een dag besloot ze haar geld te sparen en de reis naar de grote stad te maken. Toen Minji in Seoel aankwam, was ze **verbaasd over** de energie en opwinding van de stad. Overal waar ze keek, zag ze tekenen van Hallyu, van de posters van haar favoriete K-pop bands tot de **straatverkopers** die Koreaanse snacks verkochten.

Op haar eerste avond in Seoel ging Minji naar een K-popconcert. Terwijl ze haar idolen zag optreden, voelde ze een gevoel van verbondenheid en opwinding dat ze nooit eerder had ervaren. Ze danste en zong mee met het **publiek** en had het gevoel deel uit te maken van iets dat **groter was** dan zijzelf. Na het concert besloot Minji de stad te verkennen. Ze liep door de neonverlichte straten van Gangnam en verwonderde zich over de futuristische architectuur en de drukke mensenmassa. Toen ze een hoek omsloeg, hoorde

그녀는 음료를 주문하고 선미라는 이름의 친절한 여성 바텐더와 **대화를 시작했습니다.** 그들은 한류와 한류가 전 세계 사람들에게 미치는 영향에 대해 이야기했습니다. 이야기를 나누면서 민지 씨는 한류가 단순한 **엔터테인먼트가 아니라** 다른 사람들과 소통하고 공동체 의식을 찾을 수 있는 방법이라는 것을 깨달았습니다. 민지는 이러한 글로벌 운동의 일원이 된 것에 감사함을 느꼈고, 서울 여행의 추억을 항상 소중히 간직할 것이라고 다짐했습니다. 그날부터 민지는 서울을 계속 탐험하며 한류의 모든 것을 만끽했습니다. 케이팝 콘서트에 가고, 드라마 **촬영장을** 방문하고, 온갖 한국 음식을 맛보았습니다. 그리고 번잡한 도시에서 벗어나 휴식이 필요할 때마다 한류하우스로 돌아와 다른 팬들과 다시 만나곤 했습니다. 그곳에서 그녀는 항상 따뜻한 환영과 한류에 대한 사랑을 공유할 수 있다는 것을 알았습니다.

ze **muziek** uit een klein steegje komen. Nieuwsgierig volgde ze het geluid en bevond zich voor een kleine **bar**. Op het bord buiten stond "Hallyu House." Geïntrigeerd ging Minji naar binnen. De bar was gevuld met mensen van alle leeftijden, lachend en kletsend onder het genot van een drankje. De muren waren bedekt met posters van K-pop sterren en Koreaanse drama's. Minji voelde zich thuis.

Ze bestelde een drankje en raakte in **gesprek** met de barman, een vriendelijke vrouw genaamd Sunmi. Ze spraken over Hallyu en de invloed ervan op mensen over de hele wereld. Al pratende realiseerde Minji zich dat Hallyu meer was dan een vorm van **entertainment**; het was een manier om met anderen in contact te komen en een gevoel van gemeenschap te vinden. Ze voelde zich dankbaar om deel uit te maken van deze wereldwijde beweging, en ze wist dat ze de herinneringen aan haar reis naar Seoel altijd zou koesteren. Vanaf die dag bleef Minji Seoel verkennen en genieten van alles wat Hallyu te bieden had. Ze ging naar K-pop concerten, bezocht K-drama **opnamelocaties** en probeerde alle soorten Koreaans eten. En als ze een pauze nodig had van de drukte van de stad, keerde ze terug naar het Hallyu House en kwam ze weer in contact met haar medefans. Daar wist ze dat ze altijd een warm **welkom zou vinden** en een gedeelde liefde voor alles wat Hallyu is.

이해력 문제

1. 대중문화의 한류란 무엇인가요?

2. 한류의 진원지는 어디인가요?

3. 민지는 누구인가요?

4. 민지는 서울에 도착해서 무엇을 했나요?

5. 민지는 이 도시에 대해 어떻게 생각했나요?

6. 민지가 케이팝 콘서트에 갔을 때 무슨 일이 있었나요?

7. 민지는 바텐더와 이야기를 나누면서 한류에 대해 어떤 점을 깨달았나요?

8. 한류 하우스란 무엇인가요?

9. 민지는 도시에서 휴식을 취하고 싶을 때 무엇을 하나요?

10. 이 글에서 민지의 성격에 대해 어떤 것을 유추할 수 있나요?

Begrip vragen

1. Wat is de Koreaanse golf van popcultuur?

2. Wat is het epicentrum van de Koreaanse golf?

3. Wie is Minji?

4. Wat deed Minji toen ze in Seoul aankwam?

5. Wat vond Minji van de stad?

6. Wat gebeurde er toen Minji naar een K-pop concert ging?

7. Wat realiseerde Minji zich over Hallyu terwijl hij met de barman praatte?

8. Wat is Hallyu House?

9. Wat doet Minji als ze even weg wil uit de stad?

10. Wat kun je uit de tekst afleiden over Minji's persoonlijkheid?

설날

민족 고유의 명절인 설날, 남산의 작은 마을은 설렘으로 들썩이고 있었습니다. 가족들이 한자리에 모여 전통 음식을 만들며 명절을 준비했습니다. 몇 년 동안 도시에서 살다가 최근 마을로 귀촌한 **청년** 지훈 씨는 만감이 교차했습니다. 고향에 돌아와서 반가웠지만 조상들의 전통과 관습에 대한 단절감도 느꼈습니다. 그는 마을을 걷다가 집에서 조상 제사를 지내는 가족들을 보았습니다. 그는 절을 하고 **향을** 피우고 조상에게 음식과 음료를 바치는 모습을 지켜보았습니다. 그에게는 모든 것이 너무 낯설게 보였습니다. 길을 잃은 지훈은 마을이 내려다보이는 **산에 올라가기로** 결심했습니다. 더 높은 곳으로 올라가자 근처 사찰에서 음악 소리와 웃음소리가 들려왔습니다.

호기심이 발동한 그는 사원으로 향했고, 한 무리의 젊은이들이 모여 전통 **악기를** 연주하고 노래를 부르는 것을 발견했습니다. 그들은 지훈을 따뜻하게 맞아주며 함께 하자고 권유했습니다. 지훈은 처음에는 자신이 어울리지 않는 것 같아 망설였지만, 사람들의 따뜻한 분위기에 이끌려 함께하게 되었습니다. 한국 전통 북인 장구를 연주하는 법을 가르쳐주었고, 지훈이는 어느새 음악의 리듬에 푹 빠져들었습니다. 밤이 깊어지면서 그룹은 조상들에 대한 이야기와 **추억을** 공유했습니다. 설날의 중요성과 한국 문화에서 가족의 역할에 대해 이야기했습니다. 지훈이는 이제야 조상들의 전통을 이해하기 시작한 것 같은 기분이 들며 열심히 경청했습니다. 해가 **뜨기** 시작하자 일행은 산을 내려와 마을로 돌아갔습니다. 함께 걸으며 노래를 부르고 음악을 연주하는 소리가 이른 **아침의** 고요함을 뚫고 울려 퍼졌습니다.

Seollal

Het was Seollal, het Maan Nieuwjaar, en het kleine dorp Namsan gonsde van opwinding. Families kwamen bij elkaar, kookten traditioneel eten en bereidden zich voor op de festiviteiten. Ji-hoon, een **jonge** man die onlangs naar het dorp was teruggekeerd na enkele jaren in de stad te hebben gewoond, voelde een mengeling van emoties. Hij was **blij** weer thuis te zijn, maar voelde zich ook niet verbonden met de tradities en gewoonten van zijn voorouders. Terwijl hij door het dorp liep, zag hij families voorouderlijke rituelen uitvoeren in hun huizen. Hij zag hoe ze bogen, **wierook** aanstaken en eten en drinken offerden aan hun voorouders. Het leek hem allemaal zo onbekend. Ji-hoon voelde zich een beetje verloren en besloot de **berg te** beklimmen die over het dorp uitkeek. Toen hij hoger klom, hoorde hij muziek en gelach uit een nabijgelegen tempel komen.

Nieuwsgierig ging hij naar de tempel en vond daar een groep jonge mensen bij elkaar die traditionele **instrumenten** bespeelden en liederen zongen. Ze verwelkomden hem hartelijk en nodigden hem uit om mee te doen. Ji-hoon aarzelde eerst omdat hij het gevoel had er niet bij te horen, maar de warmte van de groep trok hem aan. Ze leerden hem hoe hij de janggu, een traditionele Koreaanse trommel, moest

마을에 도착했을 때 이미 설맞이 축제가 시작되었다는 것을 알았습니다. 가족들이 한자리에 모여 음식과 이야기를 나누며 지훈 씨는 이전에는 느끼지 못했던 공동체 **의식을** 느꼈습니다. 지훈 씨는 조상님께 직접 제사를 지내고 **가족들의** 이야기를 나누며 축제에 동참했습니다. 드디어 마을에서 자신의 자리를 찾은 것 같았고, 그 설날의 기억을 항상 소중히 간직할 것임을 알았습니다. 그날부터 지훈 씨는 풍물패의 **단원이 되었고,** 절에서 장구를 치거나 마을을 거닐며 마을 주민들과 노래와 이야기를 나누는 모습을 자주 볼 수 있었습니다. 지훈은 설날을 통해 자신의 뿌리로 돌아갔고, 산에서의 **특별한** 밤을 항상 감사하게 생각하게 되었습니다.

bespelen en hij werd meegesleept in het ritme van de muziek. Naarmate de avond vorderde, deelde de groep verhalen en **herinneringen** aan hun voorouders. Ze spraken over het belang van Seollal en de rol van familie in de Koreaanse cultuur. Ji-hoon luisterde aandachtig en had het gevoel dat hij eindelijk de tradities van zijn voorouders begon te begrijpen. Toen de zon begon **op te komen**, ging de groep de berg af en terug naar het dorp. Ze liepen samen, zongen liedjes en speelden muziek, en het geluid galmde door de stilte van de vroege **ochtend**.

Toen ze terugkwamen in het dorp, zagen ze dat de Seollal festiviteiten al begonnen waren. Families waren samengekomen en deelden voedsel en verhalen, en Ji-hoon voelde een gevoel van **verbondenheid** met de gemeenschap dat hij nooit eerder had gevoeld. Hij nam deel aan de festiviteiten, bood zijn eigen voorouderlijke riten aan en deelde verhalen over zijn eigen **familie**. Hij had het gevoel dat hij eindelijk zijn plaats had gevonden in het dorp, en hij wist dat hij de herinneringen aan die Seollal altijd zou koesteren. Vanaf die dag werd Ji-hoon een vast **lid** van de muziekgroep, en hij speelde vaak op de janggu bij de tempel of liep door het dorp en deelde liederen en verhalen met zijn dorpsgenoten. Seollal had hem teruggebracht naar zijn roots, en hij wist dat hij altijd dankbaar zou zijn voor die **speciale** nacht op de berg.

이해력 문제

1. 어떤 휴일이었나요?

2. 가족들은 무엇을 하고 있었나요?

3. 지훈 씨는 기분이 어땠나요?

4. 지훈이는 마을을 걸으며 무엇을 보았나요?

5. 지훈이는 왜 절에 갔을까요?

6. 그곳에 도착했을 때 무엇을 발견했나요?

7. 지훈 씨는 그룹과 함께 시간을 보낸 후 기분이 어땠나요?

8. 마을로 돌아왔을 때 무슨 일이 일어났나요?

9. 그날부터 지훈이는 무엇을 했나요?

10. 지훈 씨에게 설날은 어떤 의미였나요?

Begrip vragen

1. Welke vakantie was het?

2. Wat deden de gezinnen?

3. Hoe voelde Ji-hoon zich?

4. Wat zag Ji-hoon toen hij door het dorp liep?

5. Waarom ging Ji-hoon naar de tempel?

6. Wat vond hij toen hij daar aankwam?

7. Hoe voelde Ji-hoon zich na de tijd met de groep?

8. Wat gebeurde er toen ze terugkwamen in het dorp?

9. Wat deed Ji-hoon vanaf die dag?

10. Wat was de betekenis van Seollal voor Ji-hoon?

남산타워

민준 씨와 **여자친구** 지혜 씨가 남산타워를 방문하기로 한 날은 청명한 가을날이었습니다. 몇 달째 사귀고 있는 두 사람은 남산타워 꼭대기에서 멋진 전망을 감상하며 하루를 보낼 생각에 들떠 있었습니다. 타워로 향하는 길에 두 사람은 서로의 꿈과 미래에 대한 **포부에 대해** 이야기를 나누었습니다. 민준은 신진 작가로, 자신의 작품을 전 세계 갤러리에 전시하는 것이 꿈이라고 했습니다. 반면 지혜는 경영학을 전공한 학생으로 언젠가 자신의 회사를 창업하고 싶다고 했습니다. 타워에 도착한 두 사람은 엘리베이터를 타고 꼭대기까지 올라가 **전망대에 나섰습니다.** 사방으로 도시가 펼쳐진 전망은 숨이 멎을 정도로 아름다웠습니다. 도시를 바라보던 민준은 아이디어가 떠올랐습니다. 민준은 작은 스케치북을 꺼내 눈앞에 펼쳐진 풍경을 그리기 시작했습니다. 지혜는 연필이 **종이 위를** 날아다니며 한 획 한 획 도시의 정수를 담아내는 민준의 모습을 신기하게 바라보았습니다.

작업이 끝나자 그는 스케치북을 지혜에게 건넸고, 지혜는 작품의 아름다움에 할 **말을 잃었습니다.** "정말 멋져요." 그녀는 섬세한 선들을 손가락으로 훑어보며 말했다. 타워를 내려오던 두 사람은 현지 예술가들의 작품이 전시된 작은 미술관을 발견했습니다. 민준은 안으로 들어가서 자신의 작품이 잘 어울릴지 보고 싶은 **유혹을** 참지 못했습니다. 갤러리 주인은 민준의 스케치에 깊은 인상을 받았고, 곧 있을 전시회에 민준의 작품을 전시하는 데 동의했습니다. 민준이는 너무 기뻤고, 이것이 그의 **예술적** 여정의 시작에 불과하다는 것을 알았습니다. 갤러리를 나서며

Namsan Toren

Het was een heldere herfstdag toen Min-joon en zijn **vriendin** Ji-hye besloten de Namsan Toren te bezoeken. Ze hadden al enkele maanden verkering en waren enthousiast om de stad te verkennen en te genieten van het prachtige uitzicht vanaf de top van de toren. Op weg naar de toren spraken ze over hun dromen en **ambities** voor de toekomst. Min-joon was een ontluikende kunstenaar, en hij droomde er altijd van om zijn werk in galerijen over de hele wereld tentoon te stellen. Ji-hye, aan de andere kant, studeerde bedrijfskunde en hoopte ooit haar eigen bedrijf te beginnen. Toen ze bij de toren aankwamen, namen ze de lift naar boven en stapten op het observatiedek. Het uitzicht was adembenemend, met de stad die zich in alle richtingen onder hen uitstrekte. Terwijl ze naar de stad keken, kreeg Min-joon een idee. Hij haalde een klein schetsboek tevoorschijn en begon het uitzicht voor hen te tekenen. Ji-hye keek verbaasd toe hoe Min-joons potlood over het **papier** vloog en met elke streek de essentie van de stad vastlegde.

Toen hij klaar was, overhandigde hij het schetsboek aan Ji-hye, die **sprakeloos was** door de schoonheid van zijn werk. "Dit is geweldig," zei ze, terwijl ze met haar vingers over de delicate lijnen ging. Terwijl ze

민준이는 지혜를 향해 "오늘 함께 해줘서 고마워요"라고 말했습니다. "당신이 아니었다면 제 작품을 보여줄 **용기가 나지 않았을 거예요.**"

지혜는 **따뜻함과** 만족감이 밀려오는 것을 느끼며 미소를 지었습니다. 지혜는 민준에게서 미래에 대한 열정과 꿈을 공유할 수 있는 **특별한** 사람을 찾았다는 것을 알았습니다. 두 사람은 손을 잡고 시내를 걸으며 남산타워가 언제나 마음속에 **특별한** 장소로 남을 것이라는 것을 알았습니다. 남산타워는 두 사람이 꿈과 열망을 공유했던 곳이자, **불가능하다고** 생각했던 곳으로 향하는 여정의 첫발을 내디딘 곳이었기 때문입니다.

de toren afdaalden, kwamen ze langs een kleine kunstgalerie met het werk van lokale kunstenaars. Min-joon kon de **verleiding niet** weerstaan om naar binnen te gaan en te kijken of zijn werk goed zou passen. De galeriehouder was onder de indruk van Min-joons schetsen en stemde ermee in om zijn werk op te nemen in een komende tentoonstelling. Min-joon was dolblij, en hij wist dat dit nog maar het begin was van zijn **artistieke** reis. Toen ze de galerie verlieten, wendde Min-joon zich tot Ji-hye en zei: "Bedankt dat je vandaag bij me was." Zonder jou had ik nooit de **moed** gehad om mijn werk te tonen."

Ji-hye glimlachte en voelde een gevoel van **warmte** en tevredenheid over zich heen komen. Ze wist dat ze in Min-joon een **speciaal** iemand had gevonden, iemand die haar passies en toekomstdromen deelde. Terwijl ze hand in hand door de stad liepen, wisten ze dat Namsan Tower altijd een **speciaal** plekje in hun hart zou houden. Het was de plek waar ze hun dromen en ambities hadden gedeeld en waar ze de eerste stappen hadden gezet op een reis die hen naar plaatsen zou brengen die ze nooit voor **mogelijk hadden gehouden**.

이해력 문제

1. 민준과 지혜는 어디로 데이트를 갔나요?

2. 민준의 포부는 무엇이었나요?

3. 지혜는 민준의 스케치를 보고 어떤 기분이 들었나요?

4. 갤러리 주인은 민준의 작품에 대해 뭐라고 말했나요?

5. 민준과 지혜에게 남산타워가 특별한 이유는 무엇일까요?

6. 민준과 지혜의 공통점은 무엇인가요?

7. 데이트 당일 날씨는 어땠나요?

8. 민준 씨는 자신의 작품이 갤러리에 전시된다는 사실을 알았을 때 어떤 기분이었나요?

9. 지혜는 타워를 내려올 때 민준에게 뭐라고 말했나요?

Begrip vragen

1. Waar gingen Min-joon en Ji-hye heen op hun afspraakje?

2. Wat waren Min-joon's aspiraties?

3. Hoe voelde Ji-hye zich toen ze Min-joons schetsen zag?

4. Wat zei de galeriehouder over het werk van Min-joon?

5. Waarom was Namsan Tower speciaal voor Min-joon en Ji-hye?

6. Wat hebben Min-joon en Ji-hye gemeen?

7. Hoe was het weer op de dag van hun afspraakje?

8. Hoe voelde Min-joon zich toen hij hoorde dat zijn werk in de galerie zou komen?

9. Wat zei Ji-hye tegen Min-joon toen ze de toren afliepen?

떡볶이

지은 씨는 북적이는 서울의 거리를 걸으며 자신이 가장 좋아하는 도시의 광경과 **소리를 감상했습니다.** 미술과 디자인을 공부하는 대학생이었던 지은은 서울의 **활기찬** 거리와 골목을 탐험하는 것을 좋아했습니다. 걸을 때마다 아침부터 아무것도 먹지 않았다는 사실을 상기시키며 배가 으르렁거렸습니다. 그녀는 점심을 먹으러 어디로 갈지 정확히 알고 있었고, 서울에서 가장 맛있는 떡볶이를 파는 작은 골목길 식당을 떠올리며 혼자 미소 지었습니다. 매콤하고 쫄깃한 떡볶이를 생각하니 군침이 돌면서 **식당으로** 향했습니다. 문을 열고 들어서자 보글보글 끓는 양념과 김이 모락모락 나는 떡볶이의 맛있는 냄새가 그녀를 반겼습니다. 지은은 떡볶이 한 접시와 시원한 맥주 한 잔을 주문했습니다. 카운터에 앉아 셰프가 보글보글 **끓는** 빨간 소스에 떡볶이를 조리하는 모습을 지켜보았습니다.

한 입 베어 물자마자 지은은 눈을 감고 맛의 폭발을 음미했습니다. 매콤달콤한 양념이 쫄깃한 떡과 완벽하게 어우러져 **입안에서** 완벽한 조화를 이뤘습니다. 밥을 먹다가 옆자리에 앉아 떡볶이를 먹고 있는 한 남자를 발견했습니다. 그는 키가 크고 **잘생긴 외모에** 검은 머리와 날카로운 갈색 눈을 가졌습니다. 지은은 밥을 먹으면서 그 남자를 훔쳐볼 수밖에 없었습니다. 그 모습을 본 그는 미소를 지으며 자신을 재현이라고 소개했습니다. 두 사람은 좋아하는 레스토랑과 서울에서 꼭 가봐야 할 명소에 대해 이야기를 나누며 대화를 이어갔습니다. 이야기를 나누던 중 지은은 재현의 편안한 미소와 친절한 **성격에 마음이 끌렸습니다.** 마치 오래전부터 알고 지낸

Tteokbokki

Ji-eun liep door de bruisende straten van Seoel en nam de bezienswaardigheden en **geluiden** van haar favoriete stad in zich op. Ze studeerde kunst en design en deed niets liever dan de **levendige** straten en steegjes van Seoul verkennen. Terwijl ze liep, knorde haar maag en herinnerde haar eraan dat ze sinds het ontbijt niet meer had gegeten. Ze glimlachte in zichzelf en wist precies waar ze wilde gaan lunchen: een klein steegje met de beste tteokbokki van de stad. Ze liep naar het **restaurant**, het water liep haar in de mond bij de gedachte aan de pittige, kauwbare rijstwafels. Toen ze door de deur liep, werd ze begroet door het heerlijke aroma van pruttelende saus en dampende tteokbokki. Ji-eun bestelde een bord tteokbokki en een koud glas bier. Ze nam plaats aan de toonbank en keek toe hoe de kok een verse partij rijstwafels kookte in de **borrelende** rode saus.

Toen ze haar eerste hap nam, sloot Ji-eun haar ogen en genoot van de explosie van smaken. De zoete en pittige saus vermengde zich perfect met de kauwbare rijstkoekjes en vormde een perfecte harmonie in haar **mond**. Terwijl ze at, zag ze een man naast haar zitten, ook genietend van een bord tteokbokki. Hij was lang en **knap**, met donker haar en doordringende bruine

사이인 것처럼 편안함을 느끼게 하는 무언가가 있었죠. 어느새 두 사람은 떡볶이 한 접시를 다 먹고 함께 식당을 나섰습니다. 재현은 근처 **공원으로** 산책을 가자고 제안했고, 지은은 흔쾌히 동의했습니다.

두 사람은 공원을 걸으며 어린 시절부터 미래에 대한 꿈까지 **다양한** 이야기를 나눴습니다. 지은은 재현에게서 다른 누구에게도 느껴보지 못한 유대감을 느꼈습니다. 해가 지기 시작하자 재현은 벤치에 앉아 **하늘의** 색이 변하는 모습을 보자는 제안을 했습니다. 지은은 그의 체온과 심장 박동을 느끼며 그에게 기대어 앉았습니다. 두 사람은 몇 시간 동안 그곳에 앉아 자신들만의 작은 세계에 빠져들었습니다. 마치 시간이 멈춘 것 같았고, 중요한 것은 오직 두 사람이 함께하고 있는 순간뿐이었습니다. 하늘에 별이 반짝이기 시작하자 재현은 몸을 **숙여** 지은에게 키스를 했다. 하루 종일 느꼈던 모든 감정이 담긴 부드럽고 부드러운 키스였습니다. 지은은 이것이 두 사람이 함께할 여행의 시작에 불과하다는 것을 알았다.

ogen. Ji-eun kon het niet laten om een blik op hem te werpen terwijl ze at. Hij merkte dat ze keek, glimlachte en stelde zich voor als Jae-hyun. Ze raakten in gesprek en bespraken hun favoriete restaurants en must-visit plekken in Seoul. Terwijl ze praatten, voelde Ji-eun zich aangetrokken tot Jae-hyuns gemakkelijke glimlach en vriendelijke **aard**. Er was iets aan hem waardoor ze zich op haar gemak voelde, alsof ze elkaar al jaren kenden. Voor ze het wist, hadden ze hun borden tteokbokki op en liepen ze samen het restaurant uit. Jae-hyun stelde voor een wandeling te maken in een nabijgelegen **park**, en Ji-eun stemde toe.

Terwijl ze door het park liepen, spraken ze over van **alles**, van hun jeugd tot hun dromen voor de toekomst. Ji-eun voelde een band met Jae-hyun die ze nooit eerder met iemand anders had gevoeld. Toen de zon onder begon te gaan, stelde Jae-hyun voor om op een bankje te gaan zitten en de kleuren van de **lucht te bekijken**. Ji-eun leunde tegen hem aan en voelde zijn warmte en het kloppen van zijn hart. Ze zaten daar urenlang, verloren in hun eigen wereldje. Het was alsof de tijd had stilgestaan en het enige wat telde was het moment dat ze deelden. Toen de sterren aan de hemel begonnen te fonkelen, **boog** Jae-hyun **zich** voorover en kuste Ji-eun. Het was een zachte en tedere kus, gevuld met alle emoties die ze de hele dag hadden gevoeld. Ji-eun wist dat dit nog maar het begin was van hun reis samen.

이해력 문제

1. 주인공의 이름은 무엇인가요?

2. 주인공은 어떤 학교에 다니나요?

3. 주인공이 가장 좋아하는 음식은 무엇인가요?

4. 주인공은 점심을 먹으러 어디로 가나요?

5. 주인공은 음식에 대해 어떻게 생각하나요?

6. 주인공은 레스토랑에서 누구를 만나게 되나요?

7. 주인공은 만나는 사람에 대해 어떻게 생각하나요?

8. 점심 식사 후에는 어디로 가나요?

9. 어떤 이야기를 하나요?

10. 날짜가 끝나면 어떻게 되나요?

Begrip vragen

1. Wat is de naam van de hoofdpersoon?

2. Naar welke school gaat de hoofdpersoon?

3. Wat is het favoriete eten van de hoofdpersoon?

4. Waar gaat de hoofdpersoon heen om te lunchen?

5. Wat vindt de hoofdpersoon van het eten?

6. Wie ontmoet de hoofdpersoon in het restaurant?

7. Wat vindt de hoofdpersoon van de persoon die hij ontmoet?

8. Waar gaan ze heen na de lunch?

9. Waar praten ze over?

10. Wat gebeurt er aan het einde van de datum?

해변에서

일출 후 파도는 더 커지고 밀물 위의 모래는 하얗게 변합니다.
바다와 태양을 **감상하며** 해변으로 걸어 내려갑니다.
발가락에 조개껍질의 홈이 느껴집니다. 발가락에 모래가
차갑게 느껴집니다. 나는 미소를 지으며 계속 걸어갑니다.
밀물이 밀려와서 물에 빠지지 않도록 조심해야 해요. 물가를
따라 걸으며 바다를 감상합니다. 일출은 아름답고 파도는
부서져요. 정말 평화로운 기분이 들어요. 바위가 튀어나온 곳에
도착했어요. 앉아서 파도를 바라봅니다. 물은 너무 파랗고
하늘은 너무 **주황색이에요.** 꿈속에 있는 것 같아요. 눈을 감고
파도 소리만 들었어요. 누군가 제 이름을 부르는 소리가 들릴
때까지 한참을 거기 앉아 있었어요.

눈을 뜨니 엄마가 제 쪽으로 걸어오는 것이 보입니다. 엄마는
걱정스러운 표정을 짓고 있습니다. 제가 미소를 지으며 손을
흔들자 어머니는 **긴장을 풀었습니다.** "어디 갔나 궁금했어."
그녀가 말합니다. "해변을 즐기고 있다니 다행이네요." 저는 "
네"라고 대답합니다. "여기 정말 아름다워요." "알아요." 그녀가
말합니다. "저도 당신 나이였을 때 여기 자주 왔어요." "정말요?"
내가 물었다. "네." 그녀가 대답합니다. "여긴 특별한 곳이에요."
"여기서 특별한 사람을 만난 적이 있나요?" 내가 물었다. "
만났어요." 그녀가 웃으며 대답합니다. "당신 아버지요." "
정말요?" 나는 **놀라서** 말했다. "네." 그녀가 말합니다. "우린
항상 이곳에 함께 오곤 했어요. 우리가 사랑에 빠진 곳이에요. "
부모님이 이 아름다운 해변에서 사랑에 빠지는 모습을 **상상하며**
미소를 지었습니다. "특별한 곳이에요."라고 그녀는 반복합니다.

Op het strand

Na zonsopgang zijn de golven luider en het zand boven de vloed is wit. Ik loop naar het strand en **bewonder** de zee en de zon. Mijn tenen voelen de groeven van schelpen. Het zand is koud aan mijn tenen. Ik glimlach en loop door. Het is vloed, dus ik moet oppassen dat ik er niet in word getrokken. Ik loop langs de waterkant en bewonder de zee. De zonsopgang is **prachtig**, en de golven beuken. Ik voel me zo vredig. Ik kom op een plek waar een rots uitsteekt. Ik ga zitten en kijk naar de golven. Het water is zo blauw en de lucht is zo **oranje**. Ik voel me alsof ik in een droom ben. Ik sluit mijn ogen en luister alleen maar naar de golven. Ik zat daar een hele tijd, tot ik iemand mijn naam hoorde roepen.

Ik open mijn ogen en zie mijn moeder naar me toe lopen. Ze heeft een bezorgde blik op haar gezicht. Ik glimlach en zwaai, en ze **ontspant zich**. "Ik vroeg me al af waar je was," zegt ze. "Ik ben blij dat je van het strand geniet." Ik antwoord: "Dat doe ik." "Het is hier zo mooi." "Ik weet het," zegt ze. "Ik kwam hier altijd toen ik zo oud was als jij." "Echt waar?" Vraag ik. "Ja," antwoordt ze. "Het is een speciale plek." "Heb je hier ooit een speciaal iemand ontmoet?" Vraag ik. "Ik wel," antwoordt ze met een glimlach. "Je vader." "Echt waar?" Zeg ik, **verbaasd**. "Ja," zegt ze. "We kwamen hier altijd

"오늘 여기 오셔서 기뻐요."

파도와 석양을 **바라보며 한참을** 더 앉아 있었어요. 그런 다음
일어나서 비치 타월로 돌아갑니다. 누워서 별을 바라봅니다.
너무 행복하고 만족스러워요. 이제 파도는 더 커지고 모래는
차가워졌어요. 해가 지고 시원한 바람이 불고 있습니다. 파도가
해안에 부딪히고 소금 냄새가 공기 중에 퍼집니다. 해변에
있기에 완벽한 저녁입니다. 저는 파도 소리를 **들으며 해안을**
따라 걸으며 일몰을 바라보고 있습니다. 한 무리의 사람들이
모래 위에 앉아 웃고 농담을 주고받는 모습이 보입니다. 그들은
즐거운 시간을 보내고 있는 것처럼 보입니다. 저는 그들에게
다가가 함께 할 수 있는지 물어봤어요. 그들은 흔쾌히 승낙했고
우리는 저녁 내내 이야기하고 웃으며 **일몰을 감상했습니다.**
완벽한 저녁이었어요. 그룹과 저는 해가 질 때까지 이야기를
나눕니다. 이야기와 농담을 나누며 모두 즐거운 시간을
보냅니다. 밤이 깊어지기 시작하자 모두 피곤해지기 시작합니다.
우리는 서로 **작별인사를** 나누고 헤어집니다. 저는 행복하고
만족스러운 마음으로 호텔로 돌아갑니다. 여기가 얼마나 멋진지
믿을 수가 없어요. 이곳을 **경험한 것은** 정말 행운이었어요.

samen. Het is waar we verliefd werden. " Ik glimlach en **stel me voor hoe** mijn ouders verliefd werden op dit prachtige strand. "Het is een speciale plek," herhaalt ze. "Ik ben blij dat je hier vandaag bent."

We zitten daar nog een tijdje, **kijken naar** de golven en de zonsondergang. Dan staan we op en lopen terug naar onze strandhanddoeken. Ik ga liggen en kijk naar de sterren. Ik voel me zo gelukkig en tevreden. De golven zijn nu luider, en het zand is koud. De zon gaat onder en er waait een koel briesje. De golven beuken tegen de kust, en de geur van zout hangt in de lucht. Het is een perfecte avond om op het strand te zijn. Ik loop langs het strand, **luister** naar het geluid van de golven en kijk naar de zonsondergang. Ik zie een groep mensen op het zand zitten, lachend en grapjes makend. Ze zien eruit alsof ze het naar hun zin hebben. Ik loop naar ze toe en vraag of ik erbij mag komen zitten. Ze zeggen ja, en we brengen de rest van de avond door met praten, lachen en kijken naar de **zonsondergang**. Het is een perfecte avond. De groep en ik praten tot de zon ondergaat. We delen verhalen en grappen, en we hebben allemaal een geweldige tijd. Als de avond begint te vallen, beginnen we allemaal moe te worden. We kussen elkaar **vaarwel** en gaan uit elkaar. Ik loop terug naar mijn hotel en voel me gelukkig en tevreden. Ik kan niet geloven hoe mooi het hier is. Ik ben zo gelukkig dat ik het heb mogen **meemaken**.

이해력 문제

1. 내레이터는 잠에서 깨어난 후 어디로 가나요?

2. 내레이터가 해변을 걸으며 감탄하는 것은 무엇일까요?

3. 내레이터가 해변을 따라 걸을 때 주의해야 할 점은 무엇인가요?

4. 내레이터는 어디에 앉아 경치를 감상하나요?

5. 내레이터는 얼마나 오래 앉아 있나요?

6. 화자가 다시 눈을 떴을 때 누구를 보나요?

7. 내레이터의 어머니는 뭐라고 말하나요?

8. 내레이터와 그녀가 만나는 사람들은 어떤 이야기를 하나요?

Begrip vragen

1. Waar gaat de vertelster heen nadat ze wakker is geworden?

2. Wat bewondert de vertelster als ze langs het strand loopt?

3. Waar moet de vertelster op letten als ze langs het strand loopt?

4. Waar gaat de verteller zitten om van het uitzicht te genieten?

5. Hoe lang blijft de verteller daar zitten?

6. Wie ziet de verteller als ze haar ogen weer opent?

7. Wat zegt de moeder van de verteller?

8. Waar praten de verteller en de mensen die ze ontmoet over?

호수에서의 캠핑

평화로운 풍경에 **감탄하며** 호수를 향해 걸어갑니다. 태양이 작은 호수에 내리쬐고 있어 물이 유리판처럼 보입니다. 가끔 물고기가 수면을 **깨는 파문이** 유일한 움직임입니다. 새들도 더위를 피해 휴식을 취하고 있는 듯 매미 소리만이 공기를 가득 채우고 있습니다. 그런데 **갑자기** 큰 물보라가 치면서 평화가 깨집니다. 커다란 **물고기가 잠자리를** 잡으려고 물 밖으로 뛰어나온 것입니다. 물고기는 목표물을 놓치고 물보라를 일으키며 다시 물속으로 떨어집니다. "와우, 큰 물고기였어!"라고 혼자 생각했습니다. 다른 사람이 보았는지 주위를 둘러보았지만 주변에 아무도 없었습니다. 캠프에 돌아가서 사람들에게 말해야겠군요.

더위는 숨쉬기 힘들 정도로 **답답합니다.** 공기가 두껍고 무거워 마치 담요가 몸을 감싸는 것처럼 느껴집니다. 유일한 안도감은 물 속에 있습니다. 더운 날 시원한 음료수처럼 시원하고 상쾌합니다. 심호흡을 하고 물속으로 뛰어듭니다. 시원한 물이 저를 감싸는 즉시 안도감이 느껴집니다. 바닥까지 헤엄쳐 내려갔다가 다시 수면으로 올라오면서 물이 몸을 식혀주는 것을 느낍니다. 더위로부터의 휴식을 즐기며 **수영을** 계속합니다. 잠시 후 물에서 나와 잔디밭에 누워 햇볕이 몸을 말리도록 눕습니다. 눈을 감고 잠이 들었는데 **매미** 소리가 저를 깊은 잠에 빠뜨립니다. 햇볕이 피부의 수분을 태워버리도록 내버려 둡니다. 피부가 붉어지는 것을 느낄 수 있지만 신경 쓰지 않습니다. 너무 더워서 신경 쓸 겨를이 없었고, 어느새 해가 지고 있었어요.

Kamperen aan het meer

Ik loop naar het meer en **bewonder** de vredigheid van het tafereel. De zon schijnt op het meertje, waardoor het water een glazen plaat lijkt. De enige beweging is af en toe een rimpeling van een vis **die** het wateroppervlak breekt. Zelfs de vogels lijken een pauze te nemen van de hitte, met alleen het geluid van cicaden die de lucht vullen. **Plotseling** wordt de rust verbroken door een luide plons. Een grote **vis** is uit het water gesprongen, in een poging een libel te vangen. De vis mist zijn doel en valt met een plons terug in het water. "Wow," denk ik bij mezelf, "dat was een grote vis!." Ik keek om me heen om te zien of iemand anders hem had gezien, maar er was niemand in de buurt. Ik denk dat ik het ze zal moeten vertellen als ik terug ben in het kamp.

De hitte is **drukkend**, waardoor het moeilijk is om te ademen. De lucht is dik en zwaar, als een deken om je heen gewikkeld. De enige verlichting is in het water. Het is koel en verfrissend, als een koud drankje op een warme dag. Ik haal diep adem en duik in het water. De opluchting is onmiddellijk als het koele water me omringt. Ik zwem naar de bodem en dan weer naar de oppervlakte, terwijl ik voel hoe het water mijn lichaam afkoelt. Ik blijf baantjes trekken en geniet van de

하늘은 분홍색과 보라색 줄무늬가 있는 아름다운 주황색입니다. 더위는 사라지고 시원한 **바람이 불어옵니다.**

일어나서 옷을 다시 입으면 상쾌하고 활력이 넘치는 기분이 듭니다. 시원한 공기를 깊게 **들이마시고** 미소를 짓습니다. 살아있다는 사실이 기분이 좋습니다. 하늘에서 춤추는 색채에 감탄하며 캠프장으로 돌아갑니다. 저 멀리 모닥불이 타오르는 것이 보이고 공기 중에 연기가 피어오르는 냄새가 느껴집니다. 미소를 지으며 속도를 **높입니다.** 긴장을 풀고 남은 저녁을 즐길 준비가 되었습니다. 캠프장에 들어서니 모두가 모닥불 주위에 모여 있는 것이 보입니다. 다들 **웃고** 농담하고 있고, 불빛이 눈에 반사되는 것이 보입니다. 저도 미소를 지으며 친구들 옆에 앉습니다. 돌아오니 좋네요. 다음날 아침 일찍 일어나 짐을 싸기 시작합니다. 다시 트레일로 돌아가 여정을 계속하고 싶은 마음이 간절합니다. 친구들에게 작별 인사를 하고 걷기 시작합니다. 걸으면서 **캠프장을** 마지막으로 한 번 둘러봅니다. 저 멀리서 여전히 타오르는 불이 보이고 공기 중에 연기가 피어오르는 냄새가 납니다. 미소를 지으며 속도를 높입니다.

afkoeling van de hitte. Na een tijdje kom ik uit het water en ga op het gras liggen, zodat de zon mijn lichaam kan drogen. Ik sluit mijn ogen en val in slaap, het geluid van de **cicaden** brengt me in een diepe slaap. Ik laat de zon het water uit mijn huid bakken. Ik voel dat mijn huid rood wordt, maar dat kan me niet schelen. Ik heb het te warm om me zorgen te maken. Het volgende dat ik weet, is dat de zon ondergaat. De lucht is prachtig oranje, met roze en paarse strepen. De hitte is weg, vervangen door een koel **briesje**.

Ik sta op en trek mijn kleren weer aan. Ik voel me verfrist en verjongd. Ik haal diep **adem** uit de koele lucht en glimlach. Het voelt goed om te leven. Ik loop terug naar de camping en bewonder de manier waarop de kleuren in de lucht dansen. In de verte zie ik het kampvuur branden, en ik ruik de rook in de lucht. Ik glimlach en **versnel** mijn pas. Ik ben klaar om te ontspannen en te genieten van de rest van mijn avond. Ik loop de camping op en zie dat iedereen rond het vuur zit. Ze **lachen** en maken grapjes, en ik kan het vuur in hun ogen zien weerkaatsen. Ik glimlach en ga naast mijn vrienden zitten. Het is goed om terug te zijn. De volgende ochtend sta ik vroeg op en begin mijn spullen in te pakken. Ik sta te popelen om weer op pad te gaan en mijn reis voort te zetten. Ik neem afscheid van mijn vrienden en begin weg te lopen. Terwijl ik loop, werp ik nog een laatste blik op de **camping**. In de verte zie ik het vuur nog branden en ik ruik de rook in de lucht.

이해력 문제

1. 워커가 어디로 가나요?

2. 어떤 날씨인가요?

3. 물은 어떻게 생겼나요?

4. 워커는 열에 어떻게 반응하나요?

5. 물고기는 무엇을 하고 있나요?

6. 워커가 혼자 있는 이유는 무엇인가요?

7. 물의 느낌이 어떤가요?

8. 수영 후 보행기는 어떤 느낌인가요?

9. 보행기가 깨어나는 시간은 하루 중 몇 시인가요?

10. 워커가 캠프를 떠나면 어디로 가나요?

Begrip vragen

1. Waar gaat de wandelaar heen?

2. Wat voor weer is het?

3. Hoe ziet het water eruit?

4. Hoe reageert de wandelaar op de hitte?

5. Wat doet de vis?

6. Waarom is de wandelaar alleen?

7. Hoe voelt het water aan?

8. Hoe voelt de wandelaar zich na het zwemmen?

9. Hoe laat is het als de wandelaar wakker wordt?

10. Waar gaat de wandelaar heen als hij het kamp verlaat?

더 하우스

지난주에 새 집으로 이사했는데 너무 **신나요**! 이전 집보다 훨씬 크고 뒷마당도 넓어요. 친구들을 초대해 바비큐 파티를 하고 싶어요. 제가 **가장 좋아하는** 부분은 새 침실입니다. 너무 크고 밝고 제 모든 물건을 넣을 수 있는 공간이 많아요. 새 집에 정말 만족하고 이곳에서 매우 행복할 것 같아요. 저는 집을 좀 더 둘러보기로 했습니다. 2층으로 올라가서 부엌으로 가려고 하는데 벽에 커다란 검은 거미가 보였어요! 저는 비명을 지르며 아래층으로 뛰어내렸어요. 너무 **무서웠어요**! 하지만 몇 분 후, 저는 진정하고 다시 위층으로 올라가기로 결정했어요. 천천히 부엌으로 가보니 거미가 사라진 것을 볼 수 있었어요. 정말 안심이 되었어요! 저는 다시 아래층으로 내려가 **뒷마당을 둘러보기** 위해 밖으로 나가기로 결정했습니다. 거미가 정말 컸어요! 믿을 수가 없었어요. 구석에 그네와 미끄럼틀이 있었어요. 농구 네트와 **트램펄린도 보였어요**. 정말 신났어요!

이 새로운 기능들을 빨리 사용하고 싶어요. **이웃들이** 와서 자기소개를 했어요. 정말 친절해 보였고 한동안 이야기를 나눴어요. 다음 주말에 바비큐 파티에 초대해주셔서 꼭 가겠다고 했어요. 새 집에서 보낸 첫 주는 정말 즐거웠고 앞으로의 모든 새로운 모험이 기대됩니다. 오늘은 다시 뒷마당을 돌아다니며 또 뭐가 있는지 찾아볼 거예요. 어쩌면 **보물을** 찾을 수도 있겠죠. 다음 주에 어떤 일이 벌어질지 벌써부터 기대되네요! 다음 주에 다시 뒤뜰을 탐험하러 나갔더니 **비밀** 정원을 발견했어요. 정말 아름다웠어요! 사방에 꽃이 있고 물고기가 있는 작은 연못도 있었어요. 전에는 보지 못했던 그네 세트도 보았어요. 비밀

Het Huis

Ik ben vorige week in mijn nieuwe huis getrokken, en ik ben zo **opgewonden**! Het is zoveel groter dan mijn oude, en het heeft een grote achtertuin. Ik kan niet wachten om vrienden uit te nodigen voor BBQ's en feestjes. Mijn **favoriete** deel is mijn nieuwe slaapkamer. Hij is zo groot en licht, en ik heb veel ruimte om al mijn spullen op te bergen. Ik ben echt blij met mijn nieuwe huis en ik denk dat ik hier heel gelukkig zal zijn. Ik besloot om het huis nog wat verder te verkennen. Ik ging naar boven naar de tweede verdieping en ging op weg naar de keuken toen ik een grote zwarte spin op de muur zag! Ik gilde en rende naar beneden. Ik was zo **bang**! Maar na een paar minuten was ik gekalmeerd en besloot ik terug naar boven te gaan. Ik ging langzaam naar de keuken en zag dat de spin weg was. Ik was zo opgelucht! Ik ging terug naar beneden en besloot naar buiten te gaan om de **achtertuin te verkennen**. Hij was zo groot! Ik kon het niet geloven. Ik zag een schommel in de hoek en een glijbaan. Ik zag ook een basketbalnet en een **trampoline**. Ik was zo opgewonden!

Ik kan niet wachten om al deze nieuwe spullen te gebruiken. De **buren** kwamen langs en stelden zich voor. Ze leken erg aardig, en we hebben een tijdje gepraat. Ze nodigden me uit voor hun BBQ volgend

정원을 발견하고 너무 신났고 더 많이 탐험하고 싶어요. 정말 **아름다웠어요!**

사방에 꽃이 있었고 물고기가 있는 작은 연못도 있었어요. 전에 본 적 없는 그네 세트도 보았어요. 비밀 정원을 발견하고 너무 신났고 더 많이 탐험하고 싶어요. 새 방도 마음에 들었어요. 방이 너무 크고 밝았고 벽에는 제가 좋아하는 밴드의 포스터가 이미 붙어 있었어요. 침대, 옷장, 책상이 이미 준비되어 있어서 **가구를 따로** 가져올 필요도 없었어요. 올해는 최고의 한 해가 될 것 같아요! 새 **학교에서** 시작하는 것이 조금 긴장되긴 했지만 새로운 이웃들은 모두 친절했어요. 심지어 옆집에 사는 여자아이를 만났는데 첫날에 같이 걸어서 학교에 가겠다고 하더라고요.

weekend, en ik zei dat ik graag zou komen. Ik had een geweldige eerste week in mijn nieuwe huis, en ik ben opgewonden over alle nieuwe avonturen die in het verschiet liggen. Vandaag ga ik weer op verkenning in de achtertuin en kijken wat ik nog meer kan vinden. Wie weet, misschien vind ik wel een **schat**. Ik kan niet wachten om te zien wat de volgende week brengt! De volgende week ging ik weer op verkenning in de achtertuin, en ik vond een **geheime** tuin. Het was zo mooi! Er waren overal bloemen en een kleine vijver met vissen erin. Ik zag ook een schommel die ik nog niet eerder had gezien. Ik was zo opgewonden toen ik deze geheime tuin vond, en ik kan niet wachten om hem verder te verkennen. Het was zo **mooi**!

Er waren overal bloemen en een kleine vijver met vissen erin. Ik zag ook een **schommel** die ik nog niet eerder had gezien. Ik was zo opgewonden toen ik deze geheime tuin vond, en ik kan niet wachten om hem verder te verkennen. Ik vond mijn nieuwe kamer ook geweldig. Hij was zo groot en licht, en er hingen al posters van mijn favoriete bands aan de muur. Ik hoefde niet eens mijn eigen **meubels** mee te nemen, want er stonden al een bed, een dressoir en een bureau. Dit wordt het beste jaar ooit! Ik was een beetje nerveus om op een nieuwe **school** te beginnen, maar al mijn nieuwe buren zijn zo vriendelijk. Ik heb zelfs een meisje ontmoet dat naast me woont, en ze zegt dat ze op mijn eerste dag met me naar school zal lopen.

이해력 문제

1. 그 사람의 거주지는 어디인가요?

2. 새 집이 마음에 드나요?

3. 새 집에서 가장 마음에 드는 부분은 무엇인가요?

4. 그 사람이 정원에서 무엇을 찾았나요?

5. 이웃은 누구인가요?

6. 그 사람이 새 집에서 첫날을 보낸 기분이 어땠나요?

7. 새 방에서 그 사람이 가장 좋아하는 부분은 무엇인가요?

8. 내일 무엇을 할 계획인가요?

9. 그 사람이 새 집에서 보낸 첫 주 동안 가장 좋았던 부분은 무엇인가요?

10. 그 사람의 새 방에 있는 물건은 무엇인가요?

Begrip vragen

1. Waar woont de persoon?

2. Hoe vindt de persoon het in het nieuwe huis?

3. Wat is het favoriete deel van het nieuwe huis van de persoon?

4. Wat heeft de persoon in de tuin gevonden?

5. Wie zijn de buren?

6. Hoe voelde de persoon zich de eerste dagen in het nieuwe huis?

7. Wat is het favoriete deel van de nieuwe kamer van de persoon?

8. Wat is de persoon van plan morgen te doen?

9. Wat was het beste deel van de eerste week van de persoon in het nieuwe huis?

10. Wat is er allemaal in de nieuwe kamer van de persoon?

기차 안에서

기차역으로 달려갔지만 너무 늦었습니다. 기차는 이미 저를 두고 떠난 뒤였습니다. 저는 너무 **화가** 났고 제 자신에게 **실망했습니다.** 기차를 타고 시골에 계신 조부모님을 뵈러 갈 계획이었지만 이제 다음 기차를 한 시간이나 기다려야 할 것 같았어요. 대신 잠시 시내를 걸으며 놓친 기회를 잊으려고 노력했습니다. 걸으면서 저는 **기차를 타고 갈** 수 있는 모든 장소에 대해 **공상하기 시작했습니다.** 갑자기 더 이상 화가 나지 않았어요. 역으로 돌아가는데 빨간색, 흰색, 파란색의 커다란 기관차가 저를 향해 달려오는 것이 눈에 들어왔어요. 차장이 창문 밖으로 손을 흔드는 것을 보고 나서야 이 열차가 저를 위한 열차라는 것을 깨달았습니다. 기차에 탑승하고 자리를 찾아 긴 여정이 될 기차에 몸을 맡깁니다.

역을 빠져나오면서 이 기차가 어디로 갈지 궁금하지 않을 수 없습니다. 푸른 **들판을** 지나고 푸른 강을 건너고 산과 계곡을 지나 이 낡은 기차가 어디로 갈지 알 수 없습니다. 밤이 깊어지기 시작하면 선로 위를 달리는 차들의 **리드미컬한** 움직임에 이끌려 **평화로운** 잠에 빠져듭니다. 다시 아침이 오면 눈을 뜨고 보니 오지의 작은 마을에 도착한 것을 알 수 있습니다. 지평선 너머로 해가 막 떠오르기 시작하고 주민들이 메인 스트리트에서 분주하게 움직이기 시작하는데, 시청 근처에 "어서 오세요!"라고 적힌 커다란 표지판이 있다는 것만 빼면 여느 날과 다를 바가 없네요. 이 작은 마을은 우리가 다른 곳으로 가는 평범한 **여객 열차일** 뿐인데도 우리를 기다리고 있었던 것 같습니다. 다시 한 번 마을을 뒤로하고 다음 목적지를 향해 달리는데, **농경지**

In de trein

Ik rende naar het treinstation, maar ik was te laat.
De trein was al vertrokken zonder mij. Ik voelde me
zo **boos** en **teleurgesteld** in mezelf. Ik was van plan
om met de trein naar mijn grootouders te gaan die
op het platteland wonen, maar nu moest ik een heel
uur wachten op de volgende trein. Ik besloot in plaats
daarvan een eindje door de stad te lopen en probeerde
mijn gemiste kans te vergeten. Terwijl ik liep, begon
ik **te dagdromen** over alle plaatsen waar **treinen** je
kunnen brengen. Plotseling was ik niet meer zo van
streek. Ik liep terug naar het station en zag de grote
rood-wit-blauwe locomotief die op me af kwam rijden.
Pas als ik de **conducteur** vanuit het raam naar me zie
zwaaien, realiseer ik me dat deze trein voor mij is. Ik
stap in de trein en zoek een zitplaats. Ik ga zitten voor
wat een lange reis belooft te worden.

Terwijl we het station uitrijden, vraag ik me af waar deze
trein me heen zal brengen. Door groene **velden** en over
blauwe rivieren, langs bergen en valleien, het is niet
te zeggen waar deze oude trein heen zal gaan. Als de
nacht begint te vallen, drijf ik weg in een **vredige** slaap,
gewiegd door de **ritmische** beweging van de wagons
op de sporen beneden. Als het weer ochtend wordt,
open ik mijn ogen en zie dat we in een klein stadje

사이에 자리 잡은 작은 집들에서 작별 인사를 건네는 정겨운 얼굴들을 보며 미소를 짓습니다. 평범해 보이는 곳이 지나가는 것만으로도 이렇게 큰 기쁨을 줄 수 있다는 사실이 정말 놀라웠습니다. 그리고 물론 **아이들이 있습니다**.

저는 기관차 창밖을 내다봅니다. 그들은 항상 반짝이는 눈빛과 활짝 웃는 얼굴로 저를 행복하게 해줍니다. 저는 그들에게 활기차게 손을 흔들고 **객실로** 돌아와 자리에 앉았습니다. 이미 긴 하루였지만 아직 끝나지 않았고 최종 **목적지에** 도착하려면 아직 몇 시간이 더 남았습니다. 저는 책을 꺼내 읽기 시작했고, 리드미컬하게 흔들리는 기차에 몸을 맡기며 평화로운 기분을 만끽했습니다. 가끔씩 창밖으로 지나가는 풍경을 올려다보는데, 몇 번을 봐도 질리지 않는 풍경입니다. 어느새 밤이 깊어지고 멀리서 **반짝이는** 불빛이 보이기 시작하니 이제 거의 다 왔네요. 어느새 역에 도착해 정차합니다.

ergens in niemandsland zijn aangekomen. De zon komt net boven de horizon als de plaatselijke bevolking zich in de hoofdstraat begint te mengen; het ziet er hier uit als elke andere dag, behalve één ding - er hangt een groot bord bij het stadhuis met de tekst "Welkom aan boord!" Het lijkt erop dat dit stadje ons verwacht, ook al zijn we maar een gewone passagierstrein op doorreis naar elders. Terwijl we de stad weer achter ons laten, op weg naar wie weet waar, glimlach ik om al die vriendelijke gezichten die ons uitzwaaien vanuit die kleine huisjes tussen **het boerenland -** het is echt verbazingwekkend hoe iets dat zo gewoon lijkt, zoveel vreugde kan brengen door er gewoon langs te rijden. En dan, natuurlijk, zijn er de **kinderen**.

Ik leun uit het raam van mijn locomotief. Ze maken me altijd zo blij met hun stralende ogen en grote grijnzen. Ik zwaai energiek naar ze terug voordat ik terugga naar mijn **cabine** en ga zitten. Het was al een lange dag, maar hij is nog niet voorbij; het duurt nog een paar uur voordat we onze **eindbestemming** bereiken. Ik pak mijn boek en begin te lezen, terwijl het ritmische schommelen van de trein me in een vredige toestand brengt. Af en toe kijk ik op naar het landschap dat buiten aan me voorbijtrekt - het verveelt nooit, hoe vaak ik het ook zie. Uiteindelijk begint de nacht te vallen en verschijnen er **twinkelende** lichtjes in de verte; we komen nu in de buurt. Snel genoeg rijden we het station binnen en komen tot stilstand.

이해력 문제

1. 기차가 어디로 가나요?

2. 열차에는 누가 탑승하나요?

3. 기차는 언제 출발하나요?

4. 주인공은 어떻게 기차를 타나요?

5. 기차는 어디에서 출발하나요?

6. 기차는 다음 행선지가 어디인가요?

7. 승객은 언제 도착했나요?

8. 주인공은 기차를 놓쳤을 때 어떤 기분이 들까요?

9. 기차 기관사는 주인공을 보고 어떻게 반응하나요?

10. 주인공은 왜 기차를 좋아하나요?

Begrip vragen

1. Waar gaat de trein heen?

2. Wie reist er met de trein?

3. Wanneer vertrekt de trein?

4. Hoe komt de hoofdpersoon op de trein?

5. Waar komt de trein vandaan?

6. Waar gaat de trein nu heen?

7. Wanneer zijn de passagiers aangekomen?

8. Hoe voelt de hoofdpersoon zich als hij de trein mist?

9. Hoe reageert de treinmachinist als hij de hoofdpersoon ziet?

10. Waarom houdt de hoofdpersoon van treinen?

저녁 식사 요리

지금은 오후 5시이고 퇴근길입니다. 집에서 파트너와 함께 차분한 저녁 시간을 보낼 생각에 **기대가 됩니다.** 함께 저녁을 요리하고 남은 시간 동안 휴식을 취할 계획입니다. 오늘 **저녁에는 아무런** 계획이나 의무가 없다는 사실에 기분이 좋습니다. 집에 도착하니 파트너가 이미 주방에서 저녁 준비를 시작하고 있었어요. 여기 냄새가 **정말 좋네요!** 요리를 하면서 수다를 떨며 서로의 하루 일과를 확인하고 직장 생활에서 있었던 소소한 이야기를 나눕니다. 주방은 우리 아파트에서 제가 가장 좋아하는 공간이에요. 저는 요리를 좋아하고 특히 파트너와 함께 요리하는 것을 좋아해요. 요리하는 동안 웃고 농담을 주고받으며 항상 즐거운 시간을 보내요. 게다가 **함께** 만들면 항상 음식이 **정말 맛있어요.**

오늘 밤에는 제가 가장 좋아하는 레시피 중 하나인 **치킨** 파마산을 만들 거예요. 제 파트너는 닭고기에 빵가루를 입히고, 저는 **가스레인지** 위에 소스를 끓입니다. 기름칠이 잘 된 기계처럼 함께 일하다 보면 어느새 저녁 식사가 준비되어 있죠. 작은 식탁에 치킨 파마산, 파스타, 샐러드가 가득 담긴 **접시가 놓인** 작은 식탁에 앉습니다. 잔을 부딪치며 한 입 베어 물었더니 **천국이 따로 없었어요!** 겉은 바삭하고 속은 촉촉한 치킨, 풍미 있고 완벽한 소스, 알 덴테로 익힌 파스타... 모든 것이 오늘 밤의 완벽한 맛이었어요. 저희 둘 다 맛있는 식사를 마지막 한 입까지 **음미하면서** 모든 것이 완벽하게 어우러진 밤이었다는 것을 알고 있습니다. 냄새보다 맛도 훨씬 더 좋았어요! 오늘은 둘 다 특별히 배가 고프지 않아서 비교적 빨리 식사를 마쳤지만, 와인 몇 **잔을**

Diner koken

Het is nu 5 uur 's middags en ik loop van mijn werk naar huis. Ik kijk **uit** naar een rustige avond thuis met mijn partner. We zullen samen eten koken en dan de rest van de avond ontspannen. Het voelt goed om te weten dat ik deze **avond** geen plannen of verplichtingen heb. Ik kom thuis en mijn partner is al in de keuken om ons eten klaar te maken. Het ruikt hier geweldig! We kletsen terwijl we koken, praten bij over elkaars dagen en delen kleine verhalen uit ons werkleven. De keuken is mijn favoriete kamer in ons appartement. Ik hou van koken, en vooral van koken met mijn partner. We hebben het hier altijd zo gezellig, we lachen en maken grapjes terwijl we koken. En het eten is altijd **heerlijk** als we **samenwerken**.

Vanavond maken we een van m'n lievelingsrecepten: Parmezaanse kip. Mijn partner begint met het paneren van de kip, terwijl ik de saus op het **fornuis** laat pruttelen. We werken samen als een goed geoliede machine en al snel is het eten klaar om op te dienen. We gaan aan onze kleine keukentafel zitten met **borden** vol met Parmezaanse kip, pasta en salade. We klinken op de glazen en nemen onze eerste hap, en het is **hemels**! De kip is knapperig van buiten maar sappig van binnen; de saus is smaakvol en perfect;

더 마시며 이런저런 이야기를 나누며 여유롭게 시간을 보냈어요. 저녁 식사 후에는 함께 빠르게 청소를 하고 거실로 이동해 소파에 누워 TV를 보며 시간을 보냈어요.

오랜 시간 떨어져 **일한** 후 서로 가까이 있는 것만으로도 기분이 좋아요. 만족감을 느낍니다. 특별한 저녁을 보내지는 못했지만 집을 나가지 않고도 함께 시간을 보낼 수 있어서 좋았습니다. 우리는 영화를 보고 소박한 밤에 **만족감을** 느끼며 일찍 잠자리에 들었습니다. 외출하고 싶지 않은 날 밤에 집에서 휴식을 취하고 집에서 만든 음식을 함께 먹으며 서로의 시간을 즐기는 것은 저희가 가장 **좋아하는 일** 중 하나가 되었어요. 긴 하루를 보낸 후 이곳에 돌아와서 우리 자신으로 돌아갈 수 있다는 것은 언제나 기분 좋은 일이죠.

de pasta is al dente gekookt... alles smaakt absoluut perfect vanavond. We weten allebei dat dit een van die avonden was waarop alles perfect samenkwam en we **genieten van** elke laatste hap van onze heerlijke maaltijd. Het smaakte nog beter dan het rook, en dat was verdomd goed! We eten relatief snel, omdat geen van ons beiden vandaag honger heeft, maar we nemen de tijd om nog een paar **glazen** wijn te drinken terwijl we luchtig kletsen over van alles en nog wat. Na het eten ruimen we snel samen op en gaan dan naar de woonkamer, waar we een poosje **knuffelen** op de bank terwijl we TV kijken.

Het voelt zo fijn om dicht bij elkaar te zijn na een lange dag apart **werken**. Ik voel me voldaan. Ook al hadden we geen avond vol belevenissen, het was fijn om gewoon wat tijd met elkaar door te brengen zonder het huis uit te hoeven. We keken een film en gingen vroeg naar bed, met een **voldaan** gevoel over onze eenvoudige avond. Dit is een van onze **favoriete** dingen geworden om te doen op avonden dat we niet uit willen gaan - gewoon thuis ontspannen en genieten van elkaars gezelschap tijdens een zelfgekookte maaltijd. Het is altijd fijn om te weten dat we hier na een lange dag kunnen terugkomen en gewoon onszelf kunnen zijn.

이해력 문제

1. 내레이터는 어디에서 왔나요?

2. 내레이터는 퇴근 후 무엇을 하나요?

3. 내레이터는 저녁 식사로 무엇을 먹나요?

4. 내레이터가 주방을 좋아하는 이유는 무엇인가요?

5. 부부는 어떤 요리를 요리하나요?

6. 내레이터는 저녁이 끝날 때 어떤 기분이 드나요?

7. 부부가 가장 좋아하는 일은 무엇인가요?

8. 부부는 피곤할 때 무엇을 하나요?

9. 어디서 자나요?

10. 내레이터가 집에 머무르는 것을 좋아하는 이유는 무엇인가요?

Begrip vragen

1. Waar komt de verteller vandaan?

2. Wat doet de verteller na het werk?

3. Wat eet de verteller als avondeten?

4. Waarom houdt de verteller van de keuken?

5. Wat voor gerecht kookt het stel?

6. Hoe voelt de verteller zich aan het eind van de avond?

7. Wat is het favoriete ding van het koppel om te doen?

8. Wat doet het stel als ze moe worden?

9. Waar slapen ze?

10. Waarom blijft de verteller graag thuis?

집으로 걸어가기

퇴근길은 평화로운 밤이었습니다. 걸으면서 추억에 미소를 지을 수밖에 없었습니다. 정든 동네로 돌아오니 기분이 좋았어요. 아는 사람들 몇 명에게 손을 흔들었고 그들도 손을 흔들었습니다. 집에 돌아와서 좋았어요. 예전 학교를 지나가면서 친구들과 함께했던 좋은 시간들이 **떠올랐어요.** 우리는 항상 함께 집으로 걸어가면서 하루의 이야기를 나누곤 했죠. **가끔** 멈춰서 아이스크림을 사먹거나 공원에 가기도 했죠. 그 때가 가장 좋았어. 그 시절이 그리워요. 하지만 지금은 제 가족이 생겼고 제 삶에 만족하고 있습니다. 그 추억을 되돌아보며 웃을 수 있어서 기쁩니다. 그 추억은 항상 소중히 간직할 제 인생의 일부입니다. 최고의 시간이었어요. 그 시절이 그리워요. 하지만 지금은 제 가족이 있고 제 삶에 만족합니다. 그 **추억을** 되돌아보며 웃을 수 있어서 기쁩니다. 그 추억은 제 인생의 일부이며 항상 소중히 간직할 것입니다.

친구들과 함께 보낸 좋은 시간을 생각하며 계속 걷고 있습니다. 곧 다시 만나게 될 거라는 걸 알아요. 집으로 향하며 근처 공원을 걷기로 결심합니다. 해가 지고 하늘은 **아름다운** 주황색으로 물들고 있습니다. 나무에서 지저귀는 새 몇 마리를 제외하면 공원은 텅 비어 있습니다. 저는 **심호흡을** 하고 미소를 지었습니다. 공원을 걷다 보니 하늘을 가로지르는 별똥별이 보였습니다. 그 별에 소원을 빌고 계속 걸었습니다. 직장에서의 하루가 얼마나 **평화로웠는지 생각합니다.** 이렇게 좋은 직장에 다니고 있다는 것이 얼마나 행운인지 생각하며 혼자 미소를 지었습니다. 시원한 밤공기를 피부로 **느끼며** 집으로 걸어갑니다.

Walking Home

Het was een **rustige** avond toen ik van mijn werk naar huis liep. Terwijl ik liep, kon ik niet anders dan glimlachen bij de herinneringen. Het voelde goed om terug in mijn oude buurt te zijn. Ik zwaaide naar een paar mensen die ik kende, en zij zwaaiden terug. Het was goed om thuis te zijn. Ik liep langs mijn oude school en **herinnerde me** alle leuke tijden die ik had met mijn vrienden. We liepen altijd samen naar huis en praatten over onze dag. **Soms** stopten we om een ijsje te halen of gingen we naar het park. Dat waren de beste tijden. Ik mis die tijden. Maar nu heb ik mijn eigen familie en ik ben blij met mijn leven. Ik ben blij dat ik op die herinneringen kan terugkijken en glimlachen. Ze zijn een deel van mijn leven dat ik altijd zal koesteren. Dat waren de beste tijden. Ik mis die tijden. Maar nu heb ik mijn eigen familie en ben ik gelukkig met mijn leven. Ik ben blij dat ik kan terugkijken op die **herinneringen** en kan glimlachen. Ze zijn een deel van mijn leven dat ik altijd zal koesteren.

Ik blijf lopen, denkend aan de goede tijden die ik had met mijn vrienden. Ik weet dat ik ze snel weer zal zien. Ik ga richting mijn huis en besluit door een park in de buurt te lopen. De zon gaat onder en de lucht kleurt **prachtig** oranje. Het park is leeg, behalve een

평화로운 밤에 집으로 걸어가는 단순한 행위를 즐기는 것만으로도 저는 정말 살아 있고 행복하다고 느낍니다. 기분이 너무 좋아서 **휘파람을 불기 시작했습니다.** 길거리에서 몇 사람을 지나쳤지만 모두 자기 일에 신경을 쓰고 있었어요.

길 모퉁이를 돌았는데 이웃집 고양이 위스커스가 현관에 앉아 있는 것이 보였어요. 나는 그에게 인사를 건넸고 그는 야옹거렸다. 저는 문을 열고 안으로 들어갔어요. 집에 돌아와서 너무 기뻤어요. 신발을 벗고 잠자리에 들 준비를 했어요. 그날 밤 저는 행복하고 감사한 마음과 사랑으로 가득 찬 마음으로 잠자리에 들었습니다. 밤새도록 아무 걱정 없이 푹 잤어요. 편안한 잠에서 깨어났을 때 창문을 통해 들어오는 햇살이 저를 **맞이했습니다.** 침대에서 일어나 스트레칭을 하며 심호흡을 하고 시원한 공기가 폐를 가득 채우는 것을 느꼈습니다. 창문으로 걸어가 밖을 내다보니 새들이 지저귀고 **다람쥐가** 노는 소리가 들렸습니다. 저는 미소를 지으며 행복하고 만족스러운 기분을 느끼며 옷을 입으러 갔습니다.

paar vogels die in de bomen tjilpen. Ik haal diep **adem** en glimlach. Terwijl ik door het park loop, zie ik een vallende ster door de lucht scheren. Ik doe een wens op die ster, en loop verder. Ik denk aan mijn dag op het werk en hoe **vredig** het was. Ik glimlach in mezelf, denkend aan hoe gelukkig ik ben dat ik zo'n geweldige baan heb. Ik loop naar huis en **voel** de koele nachtlucht op mijn huid. Ik voel me zo levendig en gelukkig, gewoon genietend van de eenvoudige handeling van het naar huis lopen op een vredige avond. Ik voelde me zo goed, dat ik begon te **fluiten**. Ik liep langs een paar mensen op straat, maar ze bemoeiden zich allemaal met hun eigen zaken.

Ik draaide de hoek van mijn straat om en zag de kat van mijn buren, Mr. Whiskers, op mijn veranda zitten. Ik zei hem gedag en hij miauwde terug. Ik **deed** mijn deur **van het slot** en ging naar binnen. Ik was zo blij om thuis te zijn. Ik trok mijn schoenen uit en maakte me klaar om naar bed te gaan. Ik ging die avond naar bed met een blij en dankbaar gevoel, mijn hart vol liefde. Ik sliep de hele nacht rustig door, zonder me ergens zorgen over te maken. Ik werd wakker uit een rustgevende slaap en werd **begroet** door de zon die door mijn raam naar binnen scheen. Ik stapte uit bed en rekte me uit, haalde diep adem en voelde hoe de koele lucht mijn longen vulde. Ik liep naar mijn raam en keek naar buiten, hoorde de vogels kwetteren en de **eekhoorns** spelen. Ik glimlachte en kleedde me aan, blij en tevreden.

이해력 문제

1. 이야기가 시작될 때 주인공은 무엇을 하고 있었나요?

2. 주인공은 집으로 걸어갈 때 어떤 생각을 했나요?

3. 주인공은 방과 후 친구들과 무엇을 하곤 했나요?

4. 주인공이 그 시절에 대해 그리워하는 것은 무엇인가요?

5. 주인공은 현재 자신의 삶에 대해 어떻게 생각하나요?

6. 주인공은 별똥별을 보면 어떻게 하나요?

7. 주인공이 집으로 돌아갈 때 어떤 기분이 들까요?

8. 주인공이 집에 도착하면 무엇을 하나요?

9. 다음날 아침에 일어났을 때 주인공은 어떤 기분이 들까요?

10. 주인공은 다음날 무엇을 하나요?

Begrip vragen

1. Wat was de hoofdpersoon aan het doen toen het verhaal begon?

2. Waar dacht de hoofdpersoon aan toen hij naar huis liep?

3. Wat deed de hoofdpersoon vroeger met vrienden na school?

4. Wat mist de hoofdpersoon van die tijd?

5. Wat vindt de hoofdpersoon van zijn huidige leven?

6. Wat doet de hoofdpersoon als hij een vallende ster ziet?

7. Hoe voelt de hoofdpersoon zich als ze naar huis lopen?

8. Wat doet de hoofdpersoon als ze thuiskomen?

9. Hoe voelt de hoofdpersoon zich als hij de volgende ochtend wakker wordt?

10. Wat doet de hoofdpersoon de volgende dag?

성

이 가족은 항상 **독일의** 오래된 성을 방문하고 싶었고 마침내 여행을 떠났습니다. 그들은 **실망하지 않았습니다**. 성은 아름다웠고, 그들은 성의 많은 방과 복도를 탐험하는 것을 즐겼습니다. 가장 먼저 눈에 들어온 것은 냄새였습니다. 그들은 **곰팡이**, 습기, 그리고 손가락으로 짚을 수 없는 다른 무언가를 발견했습니다. 두 번째는 소리였습니다. 돌담은 두껍지만 소리를 완전히 차단하지는 못합니다. 그들은 모든 발자국 소리, 평범한 목소리로 말하는 모든 단어, 그리고 가끔씩 멀리서 떨어지는 물방울 소리까지 들을 수 있었습니다. 희미한 빛에 눈이 적응되자 사방에 거대한 돌담이 어렴풋이 보였고, 그 돌담에는 **너덜너덜하게** 조각난 태피스트리가 매달려 있었습니다. 그들은 조각된 기둥으로 지탱된 높은 천장이 있는 거대한 홀에 서 있었습니다. 아이들은 포탑에서 바라보는 경치도 좋아했고 경내를 뛰어다니며 즐거운 시간을 보냈어요. 성 탐험을 마쳤을 때 **해가 지기** 시작했고, 아이들은 **손전등을** 가져오지 않은 것을 후회했습니다. 그들은 입구로 돌아가기로 결심했지만 곧 길을 잃었습니다. 몇 시간 동안 헤매다가 마침내 바깥으로 통하는 문을 발견했습니다. 그들은 복도 끝에 **다다를** 때까지 계속 걸어갔고 인상적인 이중문 앞에 도착했습니다. 아무리 노력해도 문은 움직이지 않았습니다. **불길하게** 덜컹거렸지만 조금도 움직이지 않았습니다. 이전에 이곳에 왔던 누군가가 이곳을 통과해 안에서 문을 잠근 것 같았어요. 결국 그들은 탈출구를 찾았습니다. 서늘한 밤공기 속으로 걸어 나오자 안도감이 그들을 덮쳤습니다.

해가 지기 시작했고 손전등을 가져오지 않은 것을 **후회했습니다.**

Het kasteel

De familie had altijd al eens een oud kasteel in
Duitsland willen bezoeken, en eindelijk hebben ze
de reis gemaakt. Ze werden niet **teleurgesteld**. Het
kasteel was prachtig, en ze genoten van het verkennen
van de vele kamers en gangen. Het eerste wat hen
trof was de geur. Ze vonden **schimmel**, vochtigheid,
en iets anders waar ze hun vinger niet op konden
leggen. Het tweede was het geluid. Stenen muren
zijn dik, maar ze dempen het geluid niet volledig.
Ze hoorden elke voetstap, elk woord dat met een
normale stem werd gesproken, en af en toe een
druppeltje water **ergens** in de verte. Toen hun ogen
zich aanpasten aan het zwakke licht, zagen zij overal
om hen heen massieve stenen muren opdoemen,
waaraan wandtapijten in flarden hingen. Ze stonden in
een enorme hal met een hoog plafond, ondersteund
door gebeeldhouwde pilaren. Ze hielden ook van het
uitzicht vanaf de torentjes, en de kinderen vermaakten
zich met rondrennen over het terrein. De **zon** begon
al onder te gaan tegen de tijd dat ze klaar waren met
het verkennen van het kasteel, en ze betreurden
het dat ze geen **zaklamp** hadden meegenomen. Ze
besloten om terug te gaan naar de ingang, maar al
snel waren ze verdwaald. Ze dwaalden urenlang rond,
tot ze eindelijk een deur tegenkwamen die naar buiten
leidde. Ze liepen door tot ze **aan het** eind van de gang

그들은 입구로 돌아가기로 결심했지만 곧 길을 잃었습니다. 한참을 헤매다가 마침내 **바깥으로 통하는** 문을 발견했습니다. 시원한 밤공기 속으로 발을 내딛자 안도감이 그들을 덮쳤습니다. 다음 날 저녁, 그들은 성의 나머지 부분을 탐험할 때 손전등을 꼭 챙겼습니다. 그들은 **안뜰을** 지나 성벽 뒤로 흐르는 강으로 걸어 내려갔습니다. 걸어가던 중 이상한 소리가 들리기 시작했습니다. 누군가 그들을 따라오는 것 같았습니다. 그들은 속도를 높였지만 소리는 점점 더 커지고 가까워졌습니다. 가족은 최대한 빨리 성으로 달려갔고, **어두운** 망토를 두른 인물이 따라오지 않은 것을 보고 안도할 수 있었습니다.

kwamen bij een imposant stel dubbele deuren. Hoe ze ook probeerden, de deuren wilden niet bewegen. Ze rammelden **onheilspellend**, maar bewogen geen centimeter. Het leek erop dat degene die hier eerder was, hier doorheen was gegaan en ze van binnenuit had afgesloten. Uiteindelijk vinden ze een uitweg. Opluchting overspoelde hen toen ze naar buiten stapten in de koele nachtlucht.

De zon begon onder te gaan en zij **betreurden het** dat zij geen zaklamp hadden meegenomen. Ze besloten terug te gaan naar de ingang, maar al gauw waren ze verdwaald. Ze dwaalden urenlang rond, tot ze eindelijk een deur tegenkwamen die **naar buiten** leidde. Opluchting overviel hen toen ze naar buiten stapten in de koele nachtlucht. De volgende avond namen ze een zaklamp mee om de rest van het kasteel te verkennen. Ze liepen over de **binnenplaats** en naar de rivier die achter de kasteelmuren stroomde. Terwijl ze rondliepen, begonnen ze vreemde geluiden te horen. Het klonk alsof iemand hen volgde. Ze versnelden hun pas, maar de geluiden werden luider en dichterbij. De familie rende zo snel als ze konden terug naar het kasteel, en ze waren opgelucht toen ze zagen dat de figuur in de **donkere** mantel hen niet was gevolgd.

이해력 문제

1. 성에서 길을 잃었을 때 가족은 어떻게 했나요?

2. 현지인 남성이라는 사실을 알게 된 가족은 어떻게 느꼈나요?

3. 그 남자가 체포된 이유는 무엇인가요?

4. 그 남성에 대한 형량은 어떻게 되었나요?

5. 가족들이 걷는 동안 어떤 소음을 들었나요?

6. 가족들이 그를 봤을 때 어두운 망토를 입은 인물은 어디에 있었습니까?

7. 가족은 방으로 돌아와서 무엇을 했나요?

8. 가족은 언제 다시 성을 탐험하러 갔나요?

9. 가족들이 손가락으로 꼽을 수 없는 것은 무엇이었나요?

10. 가족은 다시 성을 탐험하러 가기 전에 무엇을 했나요?

Begrip vragen

1. Wat deed de familie toen ze verdwaald waren in het kasteel?

2. Hoe voelde de familie zich toen ze erachter kwamen dat het gewoon een lokale man was?

3. Wat heeft de man gedaan waardoor hij gearresteerd is?

4. Wat was de straf voor de man?

5. Welk geluid hoorde de familie tijdens de wandeling?

6. Waar was de figuur in de donkere mantel toen de familie hem zag?

7. Wat deed de familie toen ze terugkwamen in hun kamer?

8. Wanneer ging de familie het kasteel weer verkennen?

9. Wat was het ding waar de familie hun vinger niet op konden leggen?

10. Wat deed de familie voordat ze weer op verkenning gingen in het kasteel?

내 정원

제 정원은 저의 행복한 공간입니다. 비가 오나 눈이 오나 매일 나가서 식물을 돌보며 시간을 보냅니다. **채소**, 과일, 꽃, 허브 **등 모든 식물을** 조금씩 키우고 있어요. 심지어 해충을 퇴치하는 데 도움이 되는 닭도 몇 마리 키우고 있어요. 저는 닭에서 달걀을 모으는 것으로 정원에서 하루를 시작합니다. 그런 다음 채소가 충분한 물과 햇볕을 받고 있는지 확인합니다. 텃밭의 잡초를 뽑고 식물을 **공격할 수 있는** 벌레를 제거합니다. **모든 일이** 끝나면 편안히 앉아 자연의 평화로움과 고요함을 만끽합니다.

저는 항상 정원에서 시간을 보내는 것을 좋아합니다. 자연과 자연이 제공하는 모든 **아름다움에** 둘러싸여 있는 것에는 무언가가 있습니다. 저는 정원이 매우 평화롭고 차분한 곳이라고 생각합니다. 저는 종종 정원에서 휴식을 취하고 경치를 즐기며 시간을 보내곤 합니다. 또한 정원에서 일하고 식물을 기르는 것을 즐깁니다. 제게는 꽤 괜찮은 크기의 정원이 있고, 그 안에서 **다양한** 것들을 키우는 것을 좋아합니다. 꽃, **채소**, 허브를 키우고 있어요. 맛있는 사과, 배, 자두를 생산하는 과일나무도 몇 그루 키우고 있습니다. 무언가를 기르는 것 외에도 정원을 산책하며 정원을 집이라고 부르는 다양한 식물과 동물을 **감상하는** 시간을 보내는 것도 즐깁니다. 저는 수년 동안 **정원을** 아름답고 기능적인 공간으로 만들기 위해 많은 시간을 투자해 왔습니다. 저는 새들이 날아다니는 모습을 보고 새들의 노래를 듣는 것을 좋아합니다. 때로는 책을 꺼내 정원에서 제가 만든 모든 아름다움에 둘러싸여 책을 읽기도 합니다. **정원 가꾸기는** 저의 열정이며 저에게 큰 기쁨을 가져다줍니다. 제 정원에서는 매일이

Mijn tuin

Mijn tuin is mijn geluksplek. Ik ga er elke dag heen, regen of zonneschijn, en besteed tijd aan het verzorgen van mijn planten. Ik heb een beetje van **alles: groenten**, fruit, bloemen, kruiden. Ik heb zelfs een paar kippen die helpen het ongedierte op afstand te houden. Ik begin mijn dagen in de tuin met het rapen van eieren bij de kippen. Dan controleer ik mijn groenten en zorg ervoor dat ze genoeg water en zon krijgen. Ik wied de bedden en verwijder insecten die de planten kunnen **aanvallen**. Als **alles** is gedaan, leun ik achterover en geniet van de rust en stilte van de natuur.

Ik heb altijd graag tijd doorgebracht in mijn tuin. Er is iets met het omringd zijn door de natuur en al het **moois** dat zij te bieden heeft. Ik vind het een heel vredige en kalmerende plek. Ik breng vaak tijd door in mijn tuin, gewoon om te ontspannen en te genieten van het landschap. Ik geniet er ook van om in mijn tuin te werken en dingen te kweken. Ik heb een behoorlijk grote tuin, en ik kweek er graag **verschillende** dingen in. Ik kweek bloemen, **groenten** en kruiden. Ik heb ook een paar fruitbomen die heerlijke appels, peren en pruimen voortbrengen. Naast het kweken van dingen, vind ik het ook leuk om gewoon in mijn tuin rond te lopen en de verschillende planten en dieren te

좋은 날입니다.

제가 좋아하는 일 중 하나는 요리하는 것이기 때문에 허브 정원을 잘 가꾸는 것은 저에게 매우 **중요합니다.** 타임, 바질, 오레가노, 로즈마리, 세이지, 라벤더는 제가 정원에서 키우고 싶은 허브 중 일부에 불과하며, 제 자신이나 **손님을** 위해 요리를 할 때 사용할 수 있습니다. 정원을 가꿀 때 또 하나 중요하게 생각하는 것은 정원 전체에 다양한 색을 입히는 것입니다. 이 목표를 달성하기 위해 **장미**, 백합, 데이지, 튤립, 임파티엔스, 금잔화 등 다양한 꽃을 키우고 있습니다. 꽃으로 색을 더하는 것 외에도 정원 전체에 다양한 **질감을** 사용하여 흥미를 더하는 것을 좋아합니다. 예를 들어, 우뚝 솟은 해바라기 아래에 양치류를 심거나 뾰족한 관상용 잔디와 **함께** 호스타를 심는 식이죠. 인생의 다른 어떤 일이 있더라도 정원에서 일하면 항상 자연과 더 많이 연결되고 나 자신과 평화롭게 지내는 데 도움이 됩니다.

bewonderen die er wonen. Ik heb in de loop der jaren vele uren besteed om van mijn **tuin** een plek te maken die niet alleen mooi is, maar ook functioneel. Ik kijk graag naar de vogels die rondfladderen en luister naar hun gezang. Soms haal ik zelfs een boek tevoorschijn en lees in de tuin terwijl ik omringd ben door al het moois dat ik heb gecreëerd. **Tuinieren** is mijn passie en het brengt me zoveel vreugde. Elke dag in mijn tuin is een goede dag.

Een van de dingen die ik graag doe is koken, dus een goed gevulde kruidentuin is erg **belangrijk** voor me. Tijm, basilicum, oregano, rozemarijn, salie en lavendel zijn slechts enkele van de kruiden die ik graag in mijn tuin kweek, zodat ik ze kan gebruiken bij het bereiden van maaltijden voor mezelf of voor **gasten**. Wat ik ook belangrijk vind in mijn tuin is dat er veel kleur in zit. Om dit doel te bereiken, kweek ik een grote verscheidenheid aan bloemen, waaronder **rozen**, lelies, madeliefjes, tulpen, impatiens, goudsbloemen, enz. Naast het toevoegen van kleur met bloemen, vind ik het ook leuk om verschillende **texturen te** gebruiken in de tuin. Zo plant ik bijvoorbeeld varens onder torenhoge zonnebloemen of hosta's **naast** stekelige siergrassen. Wat er verder ook aan de hand is in mijn leven, door in mijn tuin **te** werken voel ik me altijd meer verbonden met de natuur en in vrede met mezelf.

이해력 문제

1. 저자의 정원은 어디에 있나요?

2. 작성자는 몇 마리의 닭을 키우나요?

3. 저자는 매일 정원에서 무엇을 하나요?

4. 저자는 왜 정원을 좋아하나요?

5. 저자는 정원에 어떤 허브를 심나요?

6. 작가에게 정원에 많은 색이 있는 것이 중요한 이유는 무엇인가요?

7. 저자는 어떻게 정원에 다양성을 가져다 주나요?

8. 저자는 정원에서 일할 때 어떤 기분이 드나요?

9. 저자가 정원에있을 때 연결되어 있다고 느끼는 이유는 무엇입니까?

10. 저자의 정원에서 매일이 좋은 날인 이유는 무엇입니까?

Begrip vragen

1. Waar is de tuin van de auteur?

2. Hoeveel kippen heeft de schrijver?

3. Wat doet de schrijver elke dag in de tuin?

4. Waarom houdt de auteur van de tuin?

5. Welke kruiden plant de auteur in de tuin?

6. Waarom is het belangrijk voor de auteur dat er veel kleuren in zijn tuin zijn?

7. Hoe brengt de auteur afwisseling in zijn tuin?

8. Hoe voelt de schrijver zich als hij in zijn tuin werkt?

9. Waardoor voelt de auteur zich verbonden als hij in zijn tuin is?

10. Waarom is elke dag in de tuin van de auteur een goede dag?

쇼핑하기

저는 쇼핑몰에서 **쇼핑하는 것을** 좋아해요. 쇼핑몰을 돌아다니며 다양한 매장을 둘러보는 것은 항상 정말 재미있어요. 쇼핑몰에는 모두를 위한 무언가가 있으며 옷, 신발, 액세서리에 대한 거래를 찾을 수 있는 좋은 장소입니다. 저는 **보통** 쇼핑몰의 **정문을 지나면서** 쇼핑을 시작합니다. 거기서부터 제가 가장 좋아하는 매장으로 향합니다. 그 매장을 둘러본 다음에는 다른 매장에서도 세일이 진행 중인지 살펴봅니다. 보통 쇼핑몰에서 두어 시간 정도 머물다가 최종적으로 구매를 하곤 합니다. 쇼핑할 때는 항상 제가 원하는 것을 **정확하게 구매하고** 싶기 **때문에** 시간을 두고 천천히 쇼핑하는 것을 좋아합니다. 게다가 그렇게 하면 더 재미있어요!

쇼핑몰에 있을 때 사람들의 쇼핑하는 모습을 보는 것은 항상 **흥미롭습니다.** 쇼핑하는 모습을 보면 그 사람에 대해 많은 것을 알 수 있어요. 어떤 사람들은 매우 체계적이고 천천히 쇼핑하는 반면, 어떤 사람들은 가능한 한 빨리 **무엇이든 집어 들고** 계산대로 향하는 것처럼 보입니다. 또한 상품을 실제로 보는 것보다 휴대폰으로 통화하거나 문자를 보내는 데 더 관심이 있어 보이는 쇼핑객도 있습니다! 하지만 어떤 쇼핑객이든 실제로 물건을 사지 않더라도 누구나 윈도우 쇼핑을 즐기는 것 같습니다. 매장 **쇼윈도에 진열된** 예쁜 물건들을 보는 것만으로도 기분이 좋아지는 것 같아요. 가끔은 보이는 **모든 것을 살** 수 있다면 어떨까 하는 상상을 하기도 해요! 대체로 쇼핑몰에서 하루를 보내는 것은 제가 가장 좋아하는 취미 중 하나입니다. 쇼핑은 긴장을 풀고 긴장을 푸는 동시에 약간의 운동도 할 수

Gaan winkelen

Ik hou ervan om te gaan **winkelen** in het winkelcentrum. Het is altijd zo leuk om rond te lopen en naar alle verschillende winkels te kijken. Er is voor elk wat wils in het winkelcentrum, en het is altijd een geweldige plek om deals te vinden voor kleren, schoenen en accessoires. Ik begin mijn shoppingtrip meestal met een wandeling door de **hoofdingang** van het winkelcentrum. Van daaruit ga ik eerst naar mijn favoriete winkels. Na het bekijken van die winkels, loop ik rond en kijk of er een verkoop gaande is op andere plaatsen. Meestal ben ik wel een paar uur in het winkelcentrum voordat ik eindelijk mijn aankopen doe. Ik neem altijd graag mijn tijd als ik ga winkelen, **want** ik wil zeker weten dat ik **precies** krijg wat ik wil. Plus, het is gewoon leuker op die manier!

Ik vind het altijd zo **fascinerend** om mensen te kijken als ik in het winkelcentrum ben. Je kunt echt veel over een persoon vertellen door de manier waarop ze winkelen. Sommige mensen zijn heel methodisch en nemen hun tijd, terwijl anderen gewoon lijken te grijpen **wat** ze kunnen en zo snel mogelijk naar de kassa gaan. Er zijn ook shoppers die meer geïnteresseerd lijken te zijn in het praten op hun mobieltje of in sms'en dan in het bekijken van de koopwaar! Het maakt echter

있는 좋은 방법입니다(충분히 걸으면). 게다가 때때로 새 셔츠나 신발 한 켤레를 사서 신는 것은 **언제나 기분 좋은 일이죠!**

직장에서 **긴** 하루를 보내고 드디어 혼자만의 시간이 생겨서 쇼핑몰에서 쇼핑을 하기로 했습니다. **다가오는** 시즌에 입을 새 옷이 필요했기 때문입니다. 쇼핑몰에 들어서자마자 밝은 조명과 반짝이는 매장이 눈에 들어왔습니다. 가장 마음에 드는 매장에 먼저 가서 진열대를 둘러보기 시작했습니다. 귀여운 상의 몇 개를 발견하고 탈의실에서 입어보았습니다. 거울에 비친 제 모습을 보고 있는데 누군가 제 옆 탈의실로 들어오는 소리가 들렸습니다. 저는 그 목소리를 제 동료 중 한 명으로 알아봤어요. 인사를 나누고 업무에 대한 이야기를 나누기 시작했습니다. 몇 분 후 저희 둘은 일을 마치고 **각자의** 길을 갔지만 나중에 다시 마주쳤습니다. 계속 이야기를 나누다 보니 생각보다 공통점이 많다는 것을 깨달았습니다.

niet uit wat voor soort shopper je bent, iedereen lijkt te genieten van window shopping - zelfs als je niet echt iets koopt. Er is gewoon iets aan het kijken naar al die mooie dingen in de **etalages** dat me gelukkig maakt. Soms fantaseer ik over hoe het zou zijn als ik me **alles** kon veroorloven wat ik zie! Al met al is een dagje winkelen in het winkelcentrum een van mijn favoriete bezigheden. Het is een geweldige manier om te ontspannen en tot rust te komen, terwijl je ook een beetje beweging krijgt (als je maar genoeg rondloopt). Bovendien is het **altijd** leuk om jezelf af en toe te trakteren op een nieuw shirt of een paar schoenen!

Ik had een **lange** dag op het werk en had eindelijk wat tijd voor mezelf, dus besloot ik te gaan winkelen in het winkelcentrum. Ik had wat nieuwe kleren nodig voor het **komende** seizoen. Zodra ik binnenkwam, zag ik al die felle lichten en glimmende etalages. Ik ging eerst naar mijn favoriete winkel en begon door de rekken te snuffelen. Ik vond een paar leuke topjes en paste ze in de kleedkamer. Terwijl ik mezelf in de spiegel bekeek, hoorde ik iemand de kleedkamer naast de mijne binnenkomen. Ik herkende zijn stem als een van mijn collega's. We zeiden hallo en begonnen te kletsen over het werk. Na een paar minuten waren we allebei klaar en gingen we onze **eigen** weg, maar later kwamen we elkaar weer tegen. We praatten verder en beseften dat we meer gemeen hadden dan we dachten.

이해력 문제

1. 가장 보관하고 싶은 장소는 어디인가요?

2. 쇼핑몰에서 가장 좋아하는 매장은 어디인가요?

3. 쇼핑몰에 보통 얼마나 오래 머무르나요?

4. 쇼핑몰에서 많은 시간을 보내는 사람들에 대해 어떻게 생각하세요?

5. 쇼핑몰에서 가장 좋아하는 것은 무엇인가요?

6. 쇼핑몰에서 꼭 필요하지 않은 물건을 샀던 적이 있나요?

7. 쇼핑몰에서 정말 갖고 싶은 물건이 있는데 너무 비싸면 어떻게 반응하나요?

8. 쇼핑몰에서 물건을 보고 누가 구매할지 궁금한 적이 있나요?

9. 쇼핑몰에서 매장을 구경하는 대신 휴대폰으로 바쁘게 움직이는 사람들에 대해 어떻게 생각하세요?

Begrip vragen

1. Waar sla je het liefst op?

2. Wat is je favoriete winkel in het winkelcentrum?

3. Hoe lang blijft u meestal in het winkelcentrum?

4. Wat vind je van mensen die veel tijd in het winkelcentrum doorbrengen?

5. Wat is uw favoriete bezigheid in het winkelcentrum?

6. Heb je ooit iets gekocht in het winkelcentrum terwijl je het niet echt nodig had?

7. Hoe reageert u als u in het winkelcentrum iets ziet dat u heel graag zou willen hebben, maar dat te duur is?

8. Heb je ooit iets in het winkelcentrum gezien en je afgevraagd wie het zou kopen?

9. Wat vindt u van mensen die in het winkelcentrum met hun mobieltje bezig zijn in plaats van naar de winkels te kijken?

마켓에서

토요일 아침 일찍 일어나 사람들이 붐비기 전에 **시장에 도착하고 싶었습니다.** 옷을 몇 벌 챙겨 입고 가는 길에 재사용 가능한 가방을 들고 문을 나섭니다. 걸으면서 다음 주에 무엇을 만들지 계획을 세우기 시작합니다. 한 번쯤은 야채를 **구워 먹고** 싶으니 좋은 품질의 야채를 사야겠지요. 수프나 스튜도 만들고 싶으니 고기도 좀 사야겠군요. 시장에 가서 뭐가 좋은지 봐야겠어요. 몇 블록만 가면 시장이 있는데 벌써 노점이 설치되어 있고 **사람들이 분주하게 움직이는 모습이 보입니다.**

시장에 도착해 곧장 채소 가판대로 향합니다. 선택의 폭이 넓어 다양한 **신선한** 채소를 장바구니에 가득 담았습니다. 농부와 잠시 이야기를 나누니 농부가 몇 가지 레시피를 추천해 줍니다. 저는 그 레시피를 시도해보고 싶어요. 장을 보면서 **농부들과** 이야기를 나누며 그들과 그들의 제품에 대해 알아갑니다. 필요한 채소를 모두 구입하고 나면 정육 코너로 이동합니다. 어떤 고기를 사고 싶은지 잘 모르겠어서 조금 더 망설여집니다. 결국 다양한 요리에 사용할 수 있는 닭고기로 결정합니다. 저는 풀을 먹인 소고기와 방목한 **닭고기를 구입하면서** 몇 가지 다른 부위의 고기도 구입합니다. 정육점 직원은 오랜 시간 일하면서도 항상 밝고 친절한 사람이었어요. 그는 제 닭가슴살과 스테이크를 포장한 후 주말 계획에 대해 이야기를 나누었습니다. 저는 그에게 작별 인사를 하고 제 갈 길을 계속 걸었습니다. 유제품 코너에서 계란과 치즈도 좀 샀어요.

시장은 신선한 농산물과 고기를 **손에 넣으려는** 사람들로

Op de markt

Ik sta op zaterdagochtend vroeg op, popelend om naar de **markt te gaan** voordat het te druk wordt. Ik trek wat kleren aan en ga de deur uit, terwijl ik onderweg mijn herbruikbare tassen pak. Terwijl ik loop, begin ik te plannen wat ik de komende week wil maken. Ik weet dat ik minstens één keer groenten wil **roosteren**, dus ik moet wat groenten van goede kwaliteit kopen. Ik wil ook een soep of stoofpot maken, dus ik moet ook wat vlees kopen. Ik zal moeten kijken wat er goed uitziet als ik daar ben. De markt is maar een paar straten verderop, en ik zie de kraampjes al staan en de **mensen al rondlopen**.

Ik kom aan op de markt en ga meteen naar de groentekraam. Het aanbod is prachtig en ik vul mijn tassen met een verscheidenheid aan **verse** producten. Ik maak een praatje met de boer en hij raadt me een paar recepten aan. Ik ben enthousiast om ze uit te proberen. Ik maak een praatje met de **boeren** terwijl ik aan het winkelen ben en leer hen en hun producten kennen. Als ik alle groenten heb die ik nodig heb, ga ik naar de vleesafdeling. Ik aarzel een beetje, omdat ik niet zeker weet wat ik wil hebben. Uiteindelijk kies ik voor kip, omdat dat veelzijdig is en in allerlei gerechten kan worden gebruikt. Ik koop

북적거렸습니다. 마늘과 양파 냄새가 진하게 풍기고 웃음소리와 대화 소리가 공기를 가득 채웠습니다. 저는 사람들 사이를 헤집고 다니며 주간 장보기에 필요한 다른 품목들을 골랐습니다. 과일과 채소, 파스타, 빵으로 **바구니를** 가득 채우고 계산대로 향했습니다. 줄은 길었지만 금방 끝났습니다. 마침내 마지막 **식료품을 구입하고** 집으로 돌아갈 시간이 되었습니다. 차에 짐을 가득 싣고 집으로 돌아오는 길은 길고 지루했습니다. 교통 체증은 심했고 더위도 심했습니다. 마침내 차가 진입로에 들어서자 안도감이 느껴졌습니다. 집은 시원하고 조용했으며 시장의 **번잡함에서 벗어난** 안식처와도 같았어요. 모든 짐을 치우고 나니 집은 곧 평소의 평화롭고 조용한 분위기로 돌아왔어요. 저와 가족을 위해 **맛있는** 식사를 만드는 데 필요한 모든 것이 갖추어져 있었어요. 집에 돌아오니 정말 좋았어요.

ook een paar verschillende stukken vlees, en zorg ervoor dat ik grasgevoerd rundvlees en **scharrelkip koop**. De slager was een vriendelijke man, altijd vrolijk ondanks de lange uren die hij werkte. Hij pakte mijn kippenborst en biefstuk in voordat hij met me praatte over zijn weekendplannen. Ik nam afscheid van hem en vervolgde mijn weg. Ik heb ook nog wat eieren en kaas meegenomen uit de zuivelafdeling.

Het krioelde van de mensen op de markt, die allemaal stonden te popelen om de verse producten en het vlees dat werd aangeboden in **handen te** krijgen. De lucht hing vol met de geur van knoflook en uien, en het geluid van gelach en gesprekken vulde de lucht. Ik baande me een weg door de menigte en zocht de andere dingen uit die ik nodig had voor mijn wekelijkse boodschappen. Ik vulde mijn **mandje** met fruit en groenten, pasta en brood, voordat ik naar de kassa ging. De rij was lang, maar het ging snel. Eindelijk waren de laatste **boodschappen** gedaan, en was het tijd om naar huis te gaan. De auto werd volgeladen, en de rit naar huis was lang en moeizaam. Het verkeer was druk en de hitte was drukkend. Eindelijk reed de auto de oprit op en de opluchting was voelbaar. Het huis was koel en stil, en het was een oase na de drukte van de markt. Alles werd opgeborgen, en het huis was al snel weer in zijn gebruikelijke rust en stilte. Ik had alles wat ik nodig had om **heerlijke** maaltijden te maken voor mezelf en voor mijn gezin. Het was goed om thuis te zijn.

이해력 문제

1. 그 사람이 어디로 가나요?

2. 상대방이 무엇을 구매하고 싶은가요?

3. 그 사람은 몇 개의 가방을 가지고 있나요?

4. 시장은 얼마나 멀리 떨어져 있나요?

5. 그 사람은 지금 무엇을 하고 있나요?

6. 시장에 나와 있는 모든 것은 무엇인가요?

7. 시장에 몇 명의 사람들이 있나요?

8. 그 사람이 모든 것을 구매하는 데 얼마나 걸렸나요?

9. 그 사람은 어떻게 집으로 돌아갔나요?

10. 그 사람이 집에 돌아와서 무엇을 했나요?

Begrip vragen

1. Waar gaat de persoon heen?

2. Wat wil de persoon kopen?

3. Hoeveel tassen heeft de persoon?

4. Hoe ver weg is de markt?

5. Wat doet de persoon op dit moment?

6. Wat is alles op de markt?

7. Hoeveel mensen zijn er op de markt?

8. Hoe lang heeft de persoon erover gedaan om alles te kopen?

9. Hoe is de persoon naar huis gegaan?

10. Wat deed de persoon toen hij of zij thuiskwam?

카페에서

쌀쌀한 **가을** 아침, 저는 친구 릴리를 단골 카페에서 만나 커피를 마시기로 약속했습니다. 저는 코트와 목도리로 따뜻하게 몸을 감싸고 출발했습니다. 나무에서 낙엽이 떨어지고 공기는 약간 쌀쌀했지만, 햇볕이 쨍쨍해서 아름다운 날이 될 것 같았습니다. 걸으면서 저는 릴리 같은 친구가 있어서 얼마나 좋은지 **생각했습니다.** 우리는 **대학에서** 만난 이후로 오랫동안 친구로 지냈어요. 커피를 좋아하고 카페에서 수다를 떨며 시간을 보내면서 친해졌죠. 지금은 서로 다른 지역에 살고 있지만 일주일에 한 번씩은 커피를 마시러 만나곤 했습니다. 카페에 도착하니 이미 릴리가 저를 기다리고 있었습니다. 우리는 서로 반갑게 포옹한 다음 커피를 주문했습니다. 창가 테이블을 찾아 자리에 앉아 이야기를 나누었습니다. **커피는** 언제나처럼 맛있었고 릴리와 이야기를 나눌 수 있어서 정말 좋았어요. 한 주간의 일과 직업, 앞으로의 계획에 대해 이야기를 나눴어요. 릴리와 대화하는 것은 언제나 너무 쉬웠고 무엇이든 말할 수 있을 것 같았어요. 잠시 후 배가 고파지기 시작했고 음식을 주문하기로 했습니다.

우리는 음식을 주문하고 창가에 자리를 잡았습니다. 창문으로 햇살이 들어와 모든 것이 따뜻하고 행복하게 느껴졌습니다. 우리는 음식을 먹으며 수다를 떨었고, 서로와 **함께** 있다는 소박한 즐거움을 만끽했습니다. 카페는 바빴지만 혼잡한 느낌은 들지 않았어요. 평화롭고 만족스러운 느낌이 가득했습니다. 음식을 다 먹은 후 저희는 한참을 더 앉아 평화로운 **분위기를** 즐겼습니다. 우리는 한참 동안 서로의 삶에 대해 이야기를

In een café

Het was een kille **herfstochtend** en ik had met mijn vriendin Lily afgesproken in ons favoriete café voor een kopje koffie. Ik wikkelde me warm in mijn jas en sjaal en ging op weg. De bladeren vielen van de bomen en de lucht was een beetje fris, maar de zon scheen en het beloofde een mooie dag te worden. Terwijl ik liep, **dacht** ik aan hoe goed het was om een vriendin als Lily te hebben. We waren al jaren vriendinnen, sinds we elkaar op de **universiteit** ontmoetten. We kregen een band door onze voorliefde voor koffie en het kletsen in cafés. Ook al woonden we nu in verschillende delen van de stad, we kwamen nog steeds één keer per week samen om koffie te drinken. Ik kwam aan bij het café, en Lily zat daar al op me te wachten. We omhelsden elkaar en bestelden onze koffie. We vonden een tafeltje bij het raam en gingen zitten kletsen. De **koffie** was heerlijk, zoals altijd, en het was zo leuk om bij te praten met Lily. We spraken over onze week, onze banen, en onze plannen voor de toekomst. Het was altijd zo makkelijk om met Lily te praten, en ik had het gevoel dat ik haar alles kon vertellen. Na een tijdje begonnen we honger te krijgen en **besloten we** wat eten te bestellen.

We **bestelden** ons eten en zochten een plaatsje bij het raam. De zon scheen door het raam naar binnen,

나누었습니다. 친구를 따라잡고 **긴장을 풀 수 있어서** 정말 좋았어요. 창문 너머로 햇살이 비치고 있었고, 그 **어떤 것도** 우리의 완벽한 하루를 망칠 수 없을 것 같았어요.

갑자기 큰 충돌음이 들렸습니다. 돌아보니 한 남자가 천장에서 떨어져 우리 앞 바닥에 쓰러져 있었습니다. 그는 먼지와 파편으로 뒤덮여 있었고 의식이 없는 것처럼 보였습니다. 바닥에 쓰러져 있는 남자를 바라보면서 저와 제 친구는 충격에 빠졌습니다. 무엇을 해야 할지, 누구에게 도움을 요청해야 할지 몰랐습니다. 어떻게 해야 할지 몰라 그냥 그 남자를 바라보고만 있었어요. 몇 분 후 저는 정신을 차리고 911에 전화했습니다. 교환원은 곧 누군가가 도착할 것이라고 말했습니다. 저는 전화를 끊고 **교환원이** 말한 내용을 친구에게 말했어요. 저희 둘은 그냥 거기 앉아 구조대가 도착하기를 기다렸습니다. 영원할 것 같았지만 결국 구급차가 도착했습니다. 구급대원들이 달려와서 그 남자를 치료하기 시작했습니다.

waardoor alles warm en gelukkig aanvoelde. We babbelden terwijl we ons eten aten, en genoten van het simpele plezier om in elkaars **gezelschap** te zijn. Het was druk in het café, maar het voelde niet druk aan. Er hing een gevoel van vrede en tevredenheid in de lucht. Toen we ons eten op hadden, bleven we nog een tijdje zitten, genietend van de vredige **sfeer**. We praatten een tijdje over verschillende dingen die in ons leven waren gebeurd. Het was zo fijn om bij te praten met mijn vriend en gewoon **te ontspannen**. De zon scheen door het raam, en het voelde alsof **niets** onze perfecte dag kon verpesten.

Plotseling hoorde ik een harde klap. Ik draaide me om en zag dat een man door het plafond was gevallen en voor ons op de grond lag. Hij was **bedekt** met stof en puin en leek bewusteloos te zijn. Mijn vriend en ik waren allebei in shock toen we naar de man staarden die op de grond lag. We wisten niet wat we moesten doen of wie we moesten bellen voor hulp. We zaten daar gewoon naar hem te staren, niet wetend wat te doen. Na een paar minuten kwam ik bij en belde 911. De telefoniste zei me dat er zo iemand zou komen. Ik hing de telefoon op en vertelde mijn vriend wat de **telefoniste** had gezegd. We zaten daar allebei te wachten tot er hulp kwam. Het leek wel een eeuwigheid, maar uiteindelijk **kwam** er een ambulance. De ambulancebroeders snelden naar binnen en begonnen met de man te werken.

이해력 문제

1. 지붕에서 떨어지는 남자는 어디에서 왔을까요?

2. 여자가 친구와 함께 카페에 있는 이유는 무엇인가요?

3. 두 친구가 가장 좋아하는 카페는 어디인가요?

4. 두 친구가 서로를 안 지 얼마나 되었나요?

5. 두 친구가 가장 좋아하는 음료는 무엇인가요?

6. 두 친구는 어느 도시에 살고 있습니까?

7. 두 친구는 얼마나 자주 만나나요?

8. 두 친구는 좋아하는 카페에서 처음 만났을 때 어떤 이야기를 나눴나요?

9. 두 친구가 가장 좋아하는 음식은 무엇인가요?

10. 릴리와 대화하는 것이 왜 그렇게 쉬운가요?

Begrip vragen

1. Waar komt de man vandaan die door het dak valt?

2. Waarom is de vrouw met haar vriendin in het café?

3. Wat is het favoriete café van de twee vrienden?

4. Hoe lang kennen de twee vrienden elkaar al?

5. Wat is het favoriete drankje van de twee vrienden?

6. In welke stad wonen de twee vrienden?

7. Hoe vaak ontmoeten de twee vrienden elkaar?

8. Waar hebben de twee vrienden het over als ze elkaar voor het eerst ontmoeten in hun favoriete café?

9. Wat is het lievelingseten van de twee vrienden?

10. Waarom is het zo makkelijk om met Lily te praten?

수영하러 가기

수영장은 항상 **상쾌한** 곳이었으며 오늘도 다르지 않았습니다. 햇살이 비치고 물빛이 매력적으로 보였습니다. 저는 심호흡을 하고 시원한 물의 감촉을 느끼며 물속으로 뛰어들었습니다. 한동안 한 바퀴를 헤엄치며 운동도 즐기고 머리도 맑게 할 수 있는 기회를 가졌습니다. 잠시 후 물 밖으로 나와 물기를 닦은 다음 수건에 앉아 햇볕을 쬐며 휴식을 취했습니다. 눈을 감고 **온기가 온몸을 감싸며** 근육이 이완되기 시작하는 것을 느꼈습니다. 갑자기 물보라가 튀는 소리가 들려 눈을 떠보니 여동생이 얕은 곳에서 **헤엄치고 있었어요.** 저는 미소를 지으며 한동안 여동생을 바라보다가 자리에서 일어나 여동생에게 다가갔어요. 우리는 잠시 수다를 떨고 함께 노를 저으며 서로를 즐겼습니다. 곧 부모님도 함께 오셔서 오후 내내 함께 수영하고 게임을 하며 시간을 보냈어요. 수영장에서 가족과 함께 시간을 보내는 것은 항상 너무 좋았어요. 물속에는 사람들을 하나로 모으는 **무언가가 있는 것 같아요.** 물 속에서는 자신의 결점을 숨기거나 아닌 척할 수 없기 때문에 모두가 평등해지기 때문일지도 모르죠. 아니면 그냥 재미있어서일지도 모르죠! 이유가 **무엇이든**, 이렇게 특별한 장소에서 모두 함께 모여 서로를 즐길 수 있어서 기뻤어요.

햇볕이 제 피부를 내리쬐고 염소 냄새가 공기 중에 가득했습니다. 수영장에서 아이들이 웃고 물장구를 치는 소리가 들렸어요. 저는 수영장 옆 **라운지** 의자에 누워 햇볕을 쬐며 하루를 **즐기고 있었어요.** 눈을 감고 잠이 들려고 하는데 누군가 다가오는 소리가 들렸어요. 눈을 떠보니 한 여성이 제 옆에 서

Gaan zwemmen

Het zwembad was altijd een **verfrissende** plek om te zijn, en vandaag was dat niet anders. De zon scheen en het water zag er uitnodigend uit. Ik haalde diep adem en dook erin, de koele omhelzing van het water voelend. Ik zwom een tijdje baantjes, genoot van de beweging en de kans om mijn hoofd leeg te maken. Na een tijdje kwam ik eruit en droogde me af, waarna ik op een handdoek ging zitten om te relaxen in de zon. Ik sloot mijn ogen en liet de **warmte** over me heen spoelen, ik voelde mijn spieren ontspannen. Plotseling hoorde ik een plons en ik opende mijn ogen om mijn kleine zusje te zien **poedelen** in het ondiepe gedeelte. Ik glimlachte en keek een tijdje naar haar, stond toen op en liep naar haar toe. We kletsten wat en peddelden samen wat rond, genietend van elkaars gezelschap. Al snel kwamen onze ouders erbij, en we brachten de rest van de middag zwemmend en spelend door. Het was altijd zo leuk om tijd met de familie in het zwembad door te brengen. Er is **iets** met in het water zijn dat mensen samenbrengt. Misschien is het omdat we allemaal gelijk zijn als we in het water zijn - we kunnen onze gebreken niet verbergen of doen alsof we iets zijn wat we niet zijn. Of misschien is het gewoon omdat het leuk is! **Wat** de reden ook is, ik was gewoon blij dat we allemaal bij elkaar konden komen en van elkaars gezelschap

있었어요. 비키니를 입고 수건을 허리에 감고 있었어요. 긴 금발에 파란 눈을 가졌어요. 손에 **자외선 차단제 한** 병을 들고 있었어요. "등에 자외선 차단제를 좀 발라도 될까요?" 그녀가 물었습니다. "아뇨, 괜찮아요." 저는 그녀가 제 등에 닿을 수 있도록 일어나 앉았습니다. 그녀가 자외선 차단제를 바르는 동안 저는 그녀의 손이 제 피부에 닿는 것을 느꼈습니다.

그녀의 손길은 부드러웠고 선크림의 향은 마음을 진정시켰습니다. 저는 다시 눈을 감고 긴장을 풀었습니다. 그녀가 움직이는 **소리가** 들리긴 했지만 눈을 뜨지 않았어요. 그냥 햇볕 아래 누워서 파도가 해안에 **부딪히는** 소리를 듣는 것으로 만족했습니다. 몇 분 후, 그녀가 걸어가자 저는 눈을 떴습니다. 저는 그녀가 라운지 의자로 돌아와 책을 집어 드는 모습을 지켜보았습니다. 그녀는 의자에 앉아서 책을 읽기 시작했습니다. 저는 다시 눈을 감고 잠이 들었습니다.

konden genieten op zo'n speciale plek.

De zon scheen op mijn huid en de geur van chloor hing in de lucht. Ik kon de geluiden horen van lachende kinderen die in het zwembad spetterden. Ik lag op een ligstoel naast het zwembad, te genieten van de zon en **de** dag. Ik had mijn ogen gesloten en wilde net in slaap vallen toen ik iemand naar me toe hoorde lopen. Ik opende mijn ogen en zag een vrouw naast me staan. Ze droeg een bikini en had een handdoek om haar middel gewikkeld. Ze had lang blond haar en blauwe ogen. Ze hield een fles **zonnebrandcrème** in haar hand. "Vind je het erg als ik wat zonnebrandcrème op je rug smeer?" vroeg ze. "Nee, dat hoeft niet," zei ik, terwijl ik rechtop ging zitten zodat ze bij mijn rug kon. Ik voelde haar handen op mijn huid terwijl ze de zonnebrandcrème aanbracht.

Haar aanraking was zacht en de geur van de zonnebrandcrème was kalmerend. Ik sloot mijn ogen weer en liet me ontspannen. Ik kon het **geluid** van haar bewegingen horen, maar ik opende mijn ogen niet. Ik was tevreden met het feit dat ik daar in de zon lag, luisterend naar het geluid van de golven **die** tegen de kust sloegen. Na een paar minuten liep ze weg, en ik opende mijn ogen. Ik keek naar haar terwijl ze terugliep naar haar ligstoel en haar boek oppakte. Ze nestelde zich in haar stoel en begon te lezen. Ik sloot mijn ogen weer en liet me wegdrijven in slaap.

이해력 문제

1. 내레이터가 이야기를 시작할 때 화자는 어디에 있었나요?

2. 내레이터가 눈을 떴을 때 어떤 냄새가 나나요?

3. 내레이터가 눈을 뜨면 무엇을 듣게 되나요?

4. 여자는 화자에게 누구의 자외선 차단제를 주나요?

5. 내레이터는 어떤 꿈을 꾸고 있나요?

6. 바다에서 수영하는 것이 화자에게 왜 그렇게 특별한가요?

7. 내레이터가 수영하는 물의 느낌은 어떤가요?

8. 내레이터가 물에서 나오면 무엇을 볼 수 있나요?

9. 여자가 화자에게 자외선 차단제를 바른 후 무엇을 하나요?

10. 이야기 마지막에 화자와 여자는 무엇에 대해 이야기하나요?

Begrip vragen

1. Waar was de verteller toen hij het verhaal begon?

2. Wat ruikt de verteller als hij zijn ogen opent?

3. Wat hoort de verteller als hij zijn ogen opent?

4. Van wie is de zonnebrandcrème die de vrouw aan de verteller geeft?

5. Waar droomt de verteller over?

6. Waarom is zwemmen in de zee zo speciaal voor de verteller?

7. Hoe voelt het water aan waarin de verteller zwemt?

8. Wat ziet de verteller als hij uit het water komt?

9. Wat doet de vrouw nadat ze de verteller heeft ingesmeerd met zonnebrandcrème?

10. Waarover praten de verteller en de vrouw aan het eind van het verhaal?

잔디 깎기

여름 **토요일** 오전 10시, 이미 태양은 무자비하게 내리쬐고 있습니다. 고된 노동을 **선고받은** 기분으로 잔디 깎는 기계를 가져오기 위해 차고로 나갑니다. 잔디를 깎기 시작하면서 잔디밭을 놓치지 않도록 조심스럽게 천천히 잔디를 깎습니다. 잔디를 깎는 동안 신선한 공기를 마시며 바깥에 있는 기분이 얼마나 좋은지 생각하게 됩니다. 잔디밭에서 모어를 앞뒤로 밀기 시작하면 **눈꼬리에서** 이웃이 보입니다. 손을 흔들며 인사를 건네면 이웃도 손을 흔듭니다.

몇 분 후, 일을 마치고 이웃집으로 가서 앞마당에서 이웃과 함께 맥주를 마셔요. 너무 덥지도 않고 산들바람이 부는 **완벽한** 날입니다. 나무 그늘에 앉아 맥주를 마시며 이웃과 이야기를 나눕니다. 이런 날은 여름에 감사하게 되는 날입니다. 그런 다음 맥주를 마시기 위해 안으로 들어**갑니다.** 현관 앞 의자에 털썩 주저앉아 캔을 따고 만족스러운 한숨을 내쉽니다. 그늘에서 휴식을 취하며 그 순간의 **평화로움을** 즐기는 동안 잔디 깎는 기계 소리는 배경으로 사라집니다. 더위 속에서 고생한 끝에 마시는 맥주라 더욱 맛있어요. 옆집에서 소리가 들려서 안으로 들어가려고 하는데요.

누군가 우는 **소리** 같았어요. 저는 잔디 깎는 일을 멈추고 마당을 구분하는 울타리 쪽으로 걸어갔습니다. 고개를 들어보니 이웃인 존슨 부인이 현관 그네에서 울고 있는 것이 보였습니다. 나는 그녀를 불렀지만 그녀는 내 말을 듣지 못했습니다.

Het maaien van het gazon

Het is 10 uur 's ochtends op een zomerse **zaterdag**, en de zon schijnt al ongenadig. Je sjokt naar de garage om de grasmaaier te halen, met het gevoel dat je **veroordeeld bent** tot dwangarbeid. Je begint het gazon te maaien, en zorgt ervoor dat je het rustig aan doet, zodat je niets over het hoofd ziet. Terwijl je aan het maaien bent, denk je aan hoe goed het voelt om buiten in de frisse lucht te zijn. Terwijl u de maaier heen en weer over het gazon duwt, ziet u uw buurman vanuit uw **ooghoek**. Je zwaait en zegt hallo, en hij zwaait terug.

Na een paar minuten ben je klaar, en je gaat naar het huis van je buurman om met hem een biertje te drinken in de voortuin. Het is een **perfecte** dag - niet te warm, met een zacht briesje. Je zit daar in de schaduw van de boom, nipt van je biertje en kletst wat met je buurman. Het zijn dagen als deze die je de zomer doen waarderen. Dan **ga** je naar binnen voor een welverdiend biertje. Je ploft neer in een stoel op de veranda, trekt het blikje open en slaakt een tevreden zucht. Het geluid van de maaier verdwijnt naar de achtergrond terwijl je in de schaduw ontspant en geniet van de **rust** van het moment. Het bier smaakt extra goed na al dat harde werk in de hitte. Ik stond op het

저는 울타리를 넘어 그녀에게 걸어갔습니다. "존슨 부인, 괜찮으세요?" 제가 물었습니다. 그녀는 눈물을 흘리며 저를 바라보며 고개를 저었습니다. "아니요, 괜찮지 않아요." 그녀가 말했다. "제 고양이가 어제 죽었어요." 저는 충격을 받았습니다. 무슨 말을 해야 할지 몰랐어요. 어떻게 해야 할지 몰라 어색하게 서 있었어요. 마침내 저는 그녀의 **어깨에** 손을 얹고 "정말 죄송해요, 존슨 부인. 제가 도울 수 있는 일이 있으면 말씀해 주세요. "그녀는 고개를 절레절레 흔들며 "아니요, 아무도 할 수 있는 **일이 없어요."라고 말했습니다.** 그러고는 일어나서 집 안으로 들어갔어요. 저는 어떻게 해야 할지 몰라 잠시 서 있었습니다. 그러고는 다시 잔디를 깎기 시작했습니다. 잔디 깎기를 마치는 동안 존슨 부인과 고양이가 떠올랐어요.

punt om naar binnen te gaan toen ik een geluid hoorde bij de buren.

Het **klonk** alsof iemand huilde. Ik stopte met maaien en liep naar het hek dat onze tuinen scheidde. Ik keek om en zag mijn buurvrouw, mevrouw Johnson, huilen op haar schommelbank. Ik riep naar haar, maar ze hoorde me niet. Ik klom over het hek en liep naar haar toe. "Mevrouw Johnson, is alles goed met u?" vroeg ik. Ze keek met tranen in haar ogen naar me op en schudde haar hoofd. "Nee, het gaat niet goed met me," zei ze. "Mijn kat is gisteren gestorven." Ik was geschokt. Ik wist niet wat ik moest zeggen. Ik stond daar maar wat ongemakkelijk, niet wetend wat ik moest doen. Uiteindelijk legde ik mijn hand op haar **schouder** en zei: "Het spijt me zo, mevrouw Johnson. Als er iets is wat ik kan doen om te helpen, laat het me alsjeblieft weten. "Ze schudde haar hoofd en zei: Nee, er is **niets** dat iemand kan doen. Toen stond ze op en ging haar huis binnen. Ik stond daar een ogenblik, niet wetend wat te doen. Toen ging ik verder met het maaien van mijn gazon. Toen ik klaar was, moest ik denken aan mevrouw Johnson en haar kat.

이해력 문제

1. 지금 몇 시인가요?

2. 잔디를 깎는 사람은 어디에 있나요?

3. 상대방의 기분이 어떤가요?

4. 잔디를 천천히 깎아야 하는 이유는 무엇인가요?

5. 어떤 날씨인가요?

6. 잔디를 깎은 후 무엇을 하고 있나요?

7. 집에 가기 전에 무엇을 듣게 되나요?

8. 존슨 부인과 함께 있는 사람은 누구인가요?

9. 존슨 부인은 왜 울고 있나요?

10. 그 사람이 존슨 부인에게 뭐라고 말하나요?

Begrip vragen

1. Hoe laat is het?

2. Waar is de persoon aan het maaien?

3. Hoe voelt de persoon zich?

4. Waarom moet de persoon langzaam maaien?

5. Wat voor weer is het?

6. Wat doet de persoon na het maaien?

7. Wat hoort de persoon voordat hij naar huis gaat?

8. Wie is er bij Mrs Johnson?

9. Waarom huilt Mrs Johnson?

10. Wat zegt de persoon tegen Mrs. Johnson?

이발하기

몇 주 전부터 머리를 자르려고 했지만 어떻게든 항상 미루고만 있었어요. 하지만 **크리스마스가** 코앞으로 다가오면서 더 이상 미룰 수 없다는 것을 알았습니다. 가족과의 크리스마스 저녁 식사에 지저분한 모습으로 나타나고 싶지 않았거든요. 그래서 크리스마스 아침 일찍 미용실로 향했습니다. 이른 시간임에도 불구하고 미용실은 이미 크리스마스를 맞아 머리를 **손질하려는 사람들로 붐볐습니다.** 저는 줄을 서서 제 차례를 기다렸습니다. 드디어 제가 의자에 앉을 차례가 되었습니다. Jill 이라는 친절한 여성 스타일리스트가 제가 원하는 것이 무엇인지 물었습니다. 저는 "너무 과감한 스타일링은 원하지 않아요."라고 대답했습니다. 질은 제 머리를 자르면서 일을 시작했습니다. 그녀가 일하는 동안 저는 긴장을 풀기 시작했습니다. 드디어 제 자신을 돌볼 수 있게 되어 기분이 좋았습니다. 최근에 다른 사람들을 돌보느라 너무 바빠서 제 자신을 돌보는 일은 뒷전으로 미뤄두었거든요. 하지만 **더 이상은** 아니죠. 이제부터는 저 자신을 위해 시간을 내기로 했어요.

질이 일을 끝내고 거울을 보았을 때 저는 제 모습이 마음에 들었습니다. 연말 모임에 어울리는 깔끔하고 단정한 머릿결이 완성되었습니다. 저는 질에게 **감사를** 표하고 더 자주 오겠다고 **마음속으로 다짐했습니다.** 이제부터는 무엇보다도 제 자신을 먼저 돌보겠습니다. 질은 제 머리를 자르기 시작했습니다. 드디어 머리를 자를 수 있게 된 것이 얼마나 감사한 일인지 생각했습니다. 크리스마스 **저녁 식사에 잘 어울릴 수 있을 것 같아서** 기분이 좋았습니다. 더 이상 가족들이 제 '지저분한'

Naar de kapper

Ik wilde al weken naar de kapper, maar op de een of andere manier kon ik het steeds uitstellen. Maar met **Kerstmis voor de deur**, wist ik dat ik het niet langer kon uitstellen. Ik wilde niet op het kerstdiner van mijn familie verschijnen als een smerige puinhoop. Dus, vroeg op kerstochtend, ging ik naar de salon. Hoewel het nog vroeg was, was de salon al druk bezig met andere mensen **die** hun haar lieten doen voor de feestdagen. Ik nam plaats in de rij en wachtte op mijn beurt. Eindelijk was het mijn beurt in de stoel. De styliste, een vriendelijke vrouw die Jill heette, vroeg me wat ik wilde. "Gewoon een knipbeurt, niets te drastisch," antwoordde ik. Jill ging aan de slag en knipte mijn haar weg. Terwijl ze werkte, begon ik te ontspannen. Het voelde goed om eindelijk voor mezelf te zorgen. Ik had het de laatste tijd zo druk gehad met voor iedereen te zorgen, dat ik mijn eigen behoeften aan de kant had laten liggen. Maar **nu** niet **meer**. Van nu af aan, zou ik tijd voor mezelf maken.

Toen Jill klaar was, keek ik in de spiegel en was blij met wat ik zag. Mijn haar zag er netjes en gepolijst uit-perfect voor vakantie bijeenkomsten. Ik **bedankte** Jill en maakte een notitie om vaker terug te komen. Van nu af aan zal ik in de eerste plaats voor mezelf

외모에 대해 놀리는 것에 대해 걱정할 필요가 없겠지요. 몇 분 후, 스타일리스트는 제 머리를 다듬고 빠르게 드라이를 해 주었습니다. 거울을 보니 크리스마스 저녁 식사에 어울릴 정도로 깔끔하게 정돈된 제 모습이 마음에 들었습니다. 이제 머리 손질은 끝났으니 가족과 함께 휴일을 즐기는 데 집중할 수 있었습니다. 그래서 더욱 감사했습니다.

정말 **해방감을** 느꼈고 새 머리 모양이 마음에 들었습니다. 이발 비용을 지불하고 집에 가서 여행을 위한 짐을 꾸리기 시작했습니다. 가족과 친구들에게 새로운 모습을 빨리 보여주고 **싶었습니다.** 그들이 저를 보고 놀랄 거라는 걸 알았거든요. 비행 당일, 저는 여유롭게 공항에 도착했습니다. 아무 문제 없이 보안 검색대를 통과하고 곧바로 비행기를 탔습니다. 목적지에 도착하자마자 설렘을 느낄 수 있었어요. 크리스마스가 성큼 다가온 것이 분명했어요! 공항에서 가족들이 저를 마중 나왔고, 모두 제 새로운 헤어스타일에 놀라워했어요. 그 후 며칠 동안 서로의 안부를 묻고 즐거운 시간을 **보냈어요.**

zorgen. Ze begon aan mijn haar te knippen. Ik dacht eraan hoe dankbaar ik was dat ik er eindelijk aan toe was gekomen om mijn haar te laten knippen. Het voelde goed om te weten dat ik er toonbaar uit zou zien voor **het kerstdiner**. Ik hoefde me geen zorgen meer te maken dat mijn familie me zou plagen over mijn "smerige" uiterlijk. Na een paar minuten was de styliste klaar met het knippen van mijn haar en föhnde ze me snel. Ik keek in de spiegel en was blij met wat ik zag: een strak geknipt kapsel dat perfect zou zijn voor het kerstdiner. Nu mijn kapsel achter de rug was, kon ik me concentreren op de feestdagen met mijn gezin. En daar was ik nog dankbaarder voor.

Het voelde zo **bevrijdend**, en ik hield van de manier waarop mijn nieuwe kapsel eruit zag. Nadat ik voor mijn kapsel had betaald, ging ik naar huis en begon ik in te pakken voor mijn reis. Ik **kon niet** wachten om mijn nieuwe look aan mijn familie en vrienden te tonen. Ik wist dat ze verrast zouden zijn als ze me zouden zien. Op de dag van mijn vlucht kwam ik ruim op tijd aan op de luchthaven. Ik ging zonder problemen door de beveiliging en al snel was ik op weg. Zodra ik op mijn bestemming aankwam, kon ik de opwinding in de lucht voelen. Kerstmis hing zeker in de lucht! Mijn familie was er om me op de luchthaven te begroeten, en ze waren allemaal verbaasd over mijn nieuwe kapsel. We brachten de volgende dagen door **met bijpraten** en genieten van elkaars **gezelschap**.

이해력 문제

1. 주인공은 크리스마스 전에 무엇을 해야 했나요?

2. 주인공은 자신을 돌보는 것에 대해 어떻게 느꼈나요?

3. 주인공의 머리를 누가 다듬었나요?

4. 주인공의 가족은 왜 그녀를 놀리려고 했나요?

5. 주인공은 머리를 자른 후 기분이 어땠나요?

6. 주인공은 머리를 자른 후 무엇을 했나요?

7. 이발에 대한 주인공의 가족들의 반응은 어땠나요?

8. 주인공은 크리스마스 이브에 무엇을 했나요?

9. 주인공의 경험이 더욱 특별했던 이유는 무엇인가요?

10. 주인공이 머리를 자르지 않으면 어떻게 될까요?

Begrip vragen

1. Wat moest de hoofdpersoon doen voor Kerstmis?

2. Hoe vond de hoofdpersoon het om voor zichzelf te zorgen?

3. Wie heeft het haar van de hoofdpersoon geknipt?

4. Waarom ging de familie van de hoofdpersoon haar plagen?

5. Hoe voelde de hoofdpersoon zich nadat ze naar de kapper was geweest?

6. Wat heeft de hoofdpersoon gedaan nadat ze naar de kapper is geweest?

7. Wat was de reactie van de familie van de hoofdpersoon op haar kapsel?

8. Wat deed de hoofdpersoon op kerstavond?

9. Wat maakte de ervaring van de hoofdpersoon specialer?

10. Wat zou er gebeuren als de hoofdpersoon niet naar de kapper zou gaan?

공원

해가 지고 공원은 텅 비었습니다. 저는 벤치에 앉아 **친구를** 기다렸습니다. 한 시간 전에 여기서 만나기로 약속했지만 그녀는 항상 늦었습니다. 포기하고 집으로 돌아가려던 찰나, 그녀가 저를 향해 달려오는 것을 보았습니다. "정말 죄송합니다." 그녀는 벤치에 도착하자마자 숨을 헐떡였습니다. "기차가 **연착됐어요.**" "괜찮아요." 내가 **너그럽게** 말했다. "저도 방금 도착했어요." 우리는 앉아서 한참 동안 이야기를 나누며 지난 만남 이후 서로의 삶에 대해 이야기를 나누었습니다. 대화는 **자연스럽게** 흘러갔고, 마지막으로 본 지 시간이 전혀 지나지 않은 것처럼 느껴졌습니다. 해가 질 무렵 우리는 작별 인사를 나누고 각자의 길을 떠났습니다. 다음에 만났을 때는 다른 공원에서 만났습니다. 이번에도 그녀는 늦었지만 전 상관없었어요. 저를 **이해해 주는** 누군가와 이야기를 나눌 수 있어서 좋았거든요. 우리는 꿈과 **포부**, 인생에서 하고 싶은 일들에 대해 이야기했어요. 그녀는 세계 여행 계획에 대해 이야기했고 저는 작가가 되고 싶다는 꿈을 공유했습니다. 해가 저물어가는 또 다른 날, 우리는 다시 한 번 작별 인사를 나누며 다음에도 계속 연락을 하기로 약속했습니다.

세월이 흘러 지금은 서로 다른 지역에 살고 있지만 우리의 **우정은** 여전히 굳건했습니다. 우리는 편지와 가끔씩 전화로 연락을 주고받으며 서로의 소식을 공유했습니다. 그녀가 결혼한다고 발표했을 때 저는 **놀랍지 않았습니다.** 그녀는 항상 **모험을 즐기는** 타입이었기 때문입니다. 하지만 제가 사는 곳에서 지구 반 바퀴 떨어진 곳에서 열리는 결혼식에서 들러리를 서줄

Het park

De zon ging onder, en het park was leeg. Ik zat op het bankje te wachten op mijn **vriendin**. We hadden hier al een uur geleden afgesproken, maar ze was altijd te laat. Net toen ik het wilde opgeven en naar huis wilde gaan, zag ik haar naar me toe rennen. "Het spijt me zo," hijgde ze toen ze de bank bereikte. "Mijn trein **had vertraging**." "Het is goed," zei ik **vergevingsgezind**. "Ik ben hier net zelf." We gingen zitten en praatten een poosje, praatten bij over elkaars leven sinds we elkaar voor het laatst zagen. Het gesprek verliep **vlot**, en het leek alsof er helemaal geen tijd was verstreken sinds we elkaar voor het laatst hadden gezien. Toen de zon onderging, namen we afscheid en gingen onze eigen weg. De volgende keer dat we elkaar zagen, was in een ander park. Weer was ze te laat, maar dat vond ik niet erg. Het was fijn om iemand te hebben om mee te praten die me **begreep**. We spraken over onze dromen en **aspiraties**, dingen die we wilden doen met ons leven. Zij vertelde me over haar plannen om de wereld rond te reizen, en ik deelde mijn droom om schrijfster te worden. Toen de zon weer onderging, namen we afscheid van elkaar en beloofden we elkaar dit keer te blijven zien.

Jaren gingen voorbij, en onze **vriendschap** bleef sterk,

수 있겠느냐고 물었을 때... 설득이 좀 필요했어요! 하지만 결국 저는 절친한 친구가 저 없이 결혼식을 치르게 할 수 없었기 때문에 두려움에도 불구하고 (그리고 그녀의 간청 끝에!) 일생일대의 **모험을** 함께하기로 **동의했습니다.**

드디어 **결혼식** 날이 다가왔습니다. 긴장되었지만 친구의 인생에서 중요한 순간에 함께하게 되어 기뻤습니다. 결혼식은 아름다웠고 서약을 하는 친구의 표정은 행복해 보였습니다. **결혼식 후에는 친구의 지인들이** 모두 축하하러 온 것 같은 성대한 파티로 축하를 해주었습니다! 평생 잊지 못할 **마법 같은** 날이었으며, 그 모험 이후 저희의 우정은 더욱 돈독해졌어요. 몇 년이 지난 지금도 여전히 연락을 주고받고 있습니다. 처음 만났을 때와는 많이 달라졌지만 우정은 그 어느 때보다 끈끈해요.

ook al woonden we nu in verschillende delen van het land. We hielden contact door middel van brieven en af en toe telefoontjes, waarbij we nieuws over ons leven met elkaar deelden. Toen ze aankondigde dat ze ging trouwen, was ik niet **verbaasd** - ze was altijd al een **avontuurlijk** type geweest. Maar toen ze me vroeg of ik haar bruidsmeisje wilde zijn op haar huwelijksceremonie, dat halverwege de wereld zou plaatsvinden, van waar ik woonde... daar was wel wat overtuigingskracht voor nodig! Maar uiteindelijk kon ik mijn beste vriendin niet laten trouwen zonder mij aan haar zijde, dus ondanks mijn angsten (en na veel smeken van haar!) **stemde** ik ermee in om mee te gaan op wat het **avontuur** van mijn leven bleek te zijn.

De dag van de **bruiloft was** eindelijk aangebroken. Ik was nerveus, maar opgewonden om deel uit te maken van zo'n belangrijk moment in het leven van mijn vriendin. De ceremonie was prachtig, en ze zag er gelukkig uit toen ze haar geloften aflegde. **Daarna** vierden we het met een groot feest - het leek wel of iedereen die ze kende was gekomen om het met haar te vieren! Het was een **magische** dag die ik nooit zal vergeten, en onze vriendschap is na dat avontuur alleen maar sterker geworden. Nu, jaren later, houden we nog steeds contact. We zijn allebei veel **veranderd** sinds we elkaar voor het eerst ontmoetten, maar onze vriendschap is nog even sterk als altijd.

이해력 문제

1. 저자와 친구는 어디서 처음 만났나요?

2. 작성자의 친구가 미팅에 늦은 이유는 무엇인가요?

3. 몇 년 후 다시 만났을 때 친구들은 어떤 이야기를 나눴나요?

4. 저자는 친구의 결혼식에 참석하는 것에 대해 어떻게 느꼈나요?

5. 결혼식 배경을 설명합니다.

6. 시간이 지남에 따라 두 여성의 우정은 어떻게 변했나요?

7. 저자의 꿈은 무엇인가요?

8. 저자의 친구는 어디로 여행할 계획인가요?

9. 저자가 친구의 결혼식에 참석하기를 주저한 이유는 무엇인가요?

Begrip vragen

1. Waar hebben de auteur en haar vriendin elkaar voor het eerst ontmoet?

2. Waarom was de vriend van de auteur te laat op hun afspraak?

3. Waar hadden de vrienden het over toen ze elkaar jaren later weer ontmoetten?

4. Hoe vond de schrijfster het om de huwelijksceremonie van haar vriendin bij te wonen?

5. Beschrijf de omgeving van de huwelijksceremonie.

6. Hoe is de vriendschap tussen de twee vrouwen in de loop der tijd veranderd?

7. Wat is de droom van de auteur?

8. Waar is de vriend van de schrijver van plan heen te reizen?

9. Waarom aarzelde de schrijfster om de huwelijksceremonie van haar vriendin bij te wonen?

Printed in Poland
by Amazon Fulfillment
Poland Sp. z o.o., Wrocław

32901990R00090